U0456413

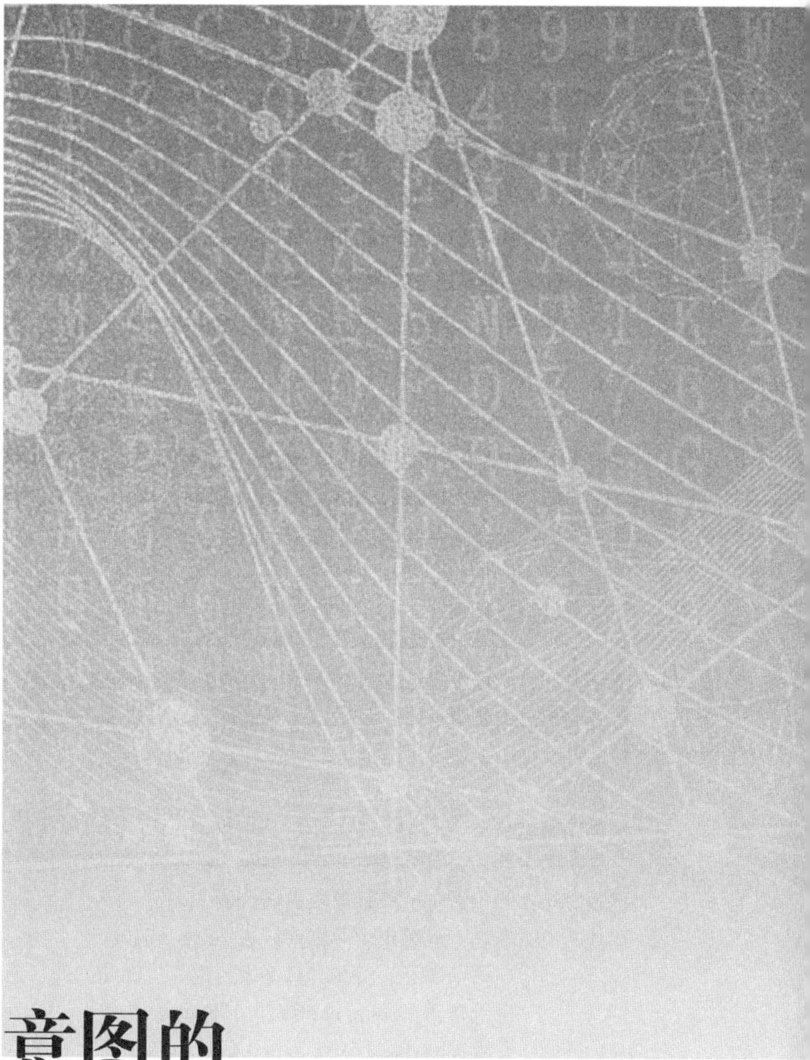

融合用户意图的查询推荐研究

张晓娟　著

图书在版编目（CIP）数据

融合用户意图的查询推荐研究 / 张晓娟著. -- 成都 : 四川大学出版社, 2024. 9. -- ISBN 978-7-5690-7269-3

Ⅰ. G254.9

中国国家版本馆 CIP 数据核字第 20247GB798 号

书　　名：融合用户意图的查询推荐研究
　　　　　Ronghe Yonghu Yitu de Chaxun Tuijian Yanjiu

著　　者：张晓娟

选题策划：卢丽洋　张宇琛

责任编辑：张宇琛

责任校对：于　俊

装帧设计：墨创文化

责任印制：李金兰

出版发行：四川大学出版社有限责任公司
　　　　　地址：成都市一环路南一段 24 号（610065）
　　　　　电话：（028）85408311（发行部）、85400276（总编室）
　　　　　电子邮箱：scupress@vip.163.com
　　　　　网址：https://press.scu.edu.cn

印前制作：四川胜翔数码印务设计有限公司

印刷装订：成都市川侨印务有限公司

成品尺寸：170mm×240mm

印　　张：11.75

字　　数：222 千字

版　　次：2024 年 10 月 第 1 版

印　　次：2024 年 10 月 第 1 次印刷

定　　价：65.00 元

本社图书如有印装质量问题，请联系发行部调换

扫码获取数字资源

四川大学出版社
微信公众号

序　言

1　研究背景

当下，搜索引擎已成为人们从海量 Web 数据中获取信息的重要途径。目前搜索引擎采用的主要交互方式是：用户输入查询（Query），检索系统根据输入的查询提供检索结果。受用户认知水平以及个人习惯等诸多因素的影响，用户提交的查询较短且不规则，导致搜索引擎较难从简短的关键词中推测出用户的真实信息需求以此返回相关查询结果。为解决此类问题，大多数商业引擎如 Google、Yahoo!、百度等采用查询推荐（Query Suggestion 或 Query Recommendation）技术（李亚楠等，2010），即尝试提供各种查询推荐（发现或构造一组与原查询 Q 相关的候选查询 $\{Q_1, Q_2, Q_3, \cdots\}$）使得用户查询尽可能地与用户需求的文档接近，以此缓解用户构造查询的压力。

搜索引擎提供的查询推荐服务主要包含查询自动补全（Query Auto-Completion）与查询重构（Query Reformulation）推荐（廖振，2013）。查询自动补全是指搜索引擎根据用户在搜索框中键入的查询前缀、中缀或者后缀，通过字符匹配在搜索框中的下拉表中自动生成与原查询包含部分共同词的候选查询列表（Cai et al.，2016）；而查询重构推荐是指当用户完成查询输入后，通过对原查询进行替换、删除或添加词等操作，在检索结果页面后面生成与原查询相关的候选结果列表。其中，查询自动补全的推荐结果局限于利用与初始查询包含共同词的候选查询来定位用户意图，限制了可用于解释用户可能意图的查询表达式，无法提供相关推荐；而查询重构推荐不受此限制，其推荐结果可用各种不同形式的查询表达式来描述用户可能意图，更能体现用户查询语义的多样化。因查询重构推荐具有广泛的应用前景和研究价值，引起了工业界和学术界的广泛关注。鉴于此，本书主要探讨查询重构推荐研究。需说明的是，因已有一些研究常常用“查询推荐”直接指代“查询重构推荐”，为表述简洁，本书中的“查询推荐”在未特殊说明情况下均指“查询重构推荐”，且本书所探讨的查询重构推荐主要为搜索引擎的查询重构推荐。

综合已有研究，根据方法数据来源与最终所能解决的问题，查询推荐的主流方法归为以下三类：基于简单共现信息的方法、基于图模型的方法以及融合多种信息的方法。其中，融合多种信息的方法当前所探讨的热点问题，即综合利用查询日志、词语、文档信息或者外部知识资源（Wikipedia、WordNet 等）等实现查询推荐，不仅可以返回相关查询，也有利于解决查询推荐中更为复杂的问题，如实现上下文相关的查询推荐、长尾查询的查询推荐、个性化查询推荐以及查询推荐结果多样化。当前查询推荐研究存在如下问题：（1）对查询中用户潜在意图理解不够，难以使得最终推荐的候选查询满足用户意图；（2）虽然当前一些研究者探讨了如何将查询推荐结果个性化，但只是考虑了用静态性的个性化信息需求。而网络是一个动态空间、用户信息需求随时间而变化，尤其是一些时间模糊性查询（发生在几个可能的时间段，如查询“CIKM”“earthquake”等），需要考虑用户提交查询发生的特定场景才能返回精确结果，故还需进一步考虑用户动态性信息需求。

基于此，本书尝试在探讨查询数据集标注的基础上，首先识别查询中个性化与实时性意图（即不同时间段的信息需求），再在此基础上构建融合用户个性化与实时性意图的查询推荐模型，以此为用户返回个性化且与不同时间段相关的候选查询推荐。

2 研究意义

（1）理论意义。对查询意图数据集标注（如不同意图类别查询以及歧义查询的自动标注）、查询中用户意图识别的探讨拓展了查询自动分类研究的内容；对个性化与实时性查询推荐模型的研究，为个性化检索、时态检索、查询自动补全、查询重写等模型构建等提供一定理论借鉴与指导。

（2）实践意义。对查询意图识别的探讨，有助于搜索引擎在对检索结果进行排序的过程中，利用意图作为参考来组织、梳理和有序化网络上的专业信息资源，从而更有效率地检索结果，减轻用户查询信息的负担；对查询推荐模型构建的探讨，将有助于用户构建有效查询，提高用户检索体验，是解决“信息过载”“信息迷航”的有效途径，也为建立下一代智能信息服务系统提供新思路；本书探讨的查询推荐技术也可被应用于查询拼写检查、问答系统、个性化搜索、广告推荐等领域。

3 创新之处

（1）大规模查询数据集的有效标注。针对已有查询数据集标注的缺陷，探讨对查询意图以及模糊性查询进行自动标注的有效方法，解决人工标注数据集中费时费力且难以对大规模数据进行标注等问题。

（2）查询意图识别的特征构建。本书提出了时态意图识别的新特征（如实体与上下文在同一 Session 中关系特征、点击文档之间相似性特征以及查询随时间分布的突发点特征）并且验证了各特征的有效性，改善查询时态意图自动识别时缺乏有效分类特征的现状。

（3）融合用户意图的查询推荐模型构建。本书为实现个性化查询推荐，利用词嵌入方式为用户个性化建模，且为了使推荐结果更能保持语义一致性，提出了主题嵌入方法，以此获得每个词的上下文信息；提出了基于查询词与时间信息共现识别查询中时间分面的方法；提出了综合了用户个性化以及实时性意图的 time-IA-select 以及 time-xQuaD 模型。从而弥补已有查询推荐模型难以同时满足用户实时性与个性意图的空白。

4 整体研究框架

本书在对相关研究进行文献综述的基础上，首先探讨查询数据集的自动标注，再探讨如何识别查询中个性化与实时性意图，最后在此基础上构建融合用户个性化与实时性意图的查询推荐模型。具体而言，本书的研究内容主要分为以下四个方面：

（1）文献综述与相关理论基础。主要对查询推荐研究工作进行综述，了解当前查询推荐中的主要方法以及待解决的问题；介绍了交互式用户检索模型、用户信息需求表达模型以及查询意图的基本概念。

（2）查询数据集自动标注研究。查询数据集标注是本书相关工作开展（如查询意图识别或查询推荐建模）的基础，本书主要探讨了对不同意图类别查询以及歧义性查询进行自动标注的方法。

（3）查询中用户意图自动识别研究。查询识别是查询推荐建模的前期工作，只有充分理解查询中潜在的用户意图，才能在查询推荐模型中考虑用户的意图信息，实现满足用户意图的查询推荐。本书主要探讨了用户实时性意图识别。其中实时性意图识别主要包括以下三方面：基于上下文与时态特征的新闻意图研究、基于查询表达式的时态意图识别研究以及时态意图的分析研究。查询意图识别的目的是实现有效的查询推荐。

（4）查询推荐构建模型研究。在前面三个研究工作的基础上，首先探讨了个性化查询推荐模型，以此获得用户个性化建模的相关思路；再探讨了实时性查询推荐建模，获得如何识别查询中的时间分面以及将这些时间分面融合到查询推荐模型中的经验。

5 主要研究方法

（1）机器学习方法。对个性化与实时性查询意图进行识别时，在人工标注数据集基础上，利用分类器（SVM、最大熵模型等）训练分类模型，实现用户意图的自动识别。

（2）自然语言处理技术。在对查询本身或查询所返回文档进行词自动切分、命名实体识别、主题识别时，都需应用到自然处理相关技术，有助于对查询或文本语义层级的理解。

（3）数学建模。在识别用户实时性个性化意图以及在查询推荐模型中融合用户意图时，因无已有模型可直接采用，需通过构建新的数学模型方法来解决相关问题。

（4）相关统计方法。为从深层次分析和比较多个用户意图识别方法或查询推荐模型的效果，采用大量相关的统计分析方法来对用户意图识别或查询推荐效果进行分析。

目　录

1 查询推荐研究现状

1.1 引言

当下，搜索引擎已成为人们从海量 Web 数据中获取信息的重要途径。目前搜索引擎采用的主要交互方式是：用户输入查询（Query），检索系统根据输入的查询提供检索结果。受用户认知水平以及个人习惯等诸多因素的影响，用户提交的查询较短且不规则，搜索引擎较难从简短的关键词中推测出真实信息需求以此返回相关查询结果。为解决此类问题，大多数商业引擎如 Google、Yahoo!、百度等采用查询推荐（Query Suggestion 或 Query Recommendation）技术（李亚楠等，2010），即尝试提供各种查询推荐（发现或构造一组与原查询 Q 相关的候选查询 $\{Q_1, Q_2, Q_3, \cdots\}$）使得用户查询尽可能地与用户需求的文档接近，以此缓解用户构造查询的压力。

搜索引擎提供的查询推荐服务主要包含查询自动补全（Query Auto-Completion）与查询重构（Query Reformulation）推荐（廖振，2013）。查询自动补全是指搜索引擎根据用户在搜索框中键入的查询前缀、中缀或者后缀，通过字符匹配在搜索框中的下拉表中自动生成与原查询包含部分共同词的候选查询列表（Cai et al.，2016）；而查询重构推荐是指当用户完成查询输入后，通过对原查询进行替换、删除或添加词等操作，在检索结果页面后面生成与原查询相关的候选结果列表。其中，查询自动补全的推荐结果局限于利用与初始查询包含共同词的候选查询来定位用户意图，限制了可用于解释用户可能意图的查询表达式，无法提供相关推荐；而查询重构推荐不受此限制，其推荐结果可用各种不同形式的查询表达式来描述用户可能意图，更能体现用户查询语义的多样化。因查询重构推荐具有广泛的应用前景和研究价值，引起了工业界和学术界的广泛关注。

考虑到搜索引擎运营商为维护竞争地位，常常将其核心技术作为一级商业机密，而查询推荐技术作为搜索引擎的一种核心技术，难以被外界获悉，本书主要关注学术界对查询重构推荐的研究。学术界中已有对查询重构推荐的研究侧重于方法研究，根据方法数据来源与最终所能解决的问题，主流方法可归为以下三类：基于简单共现信息的方法、基于图模型的方法以及融合多种信息的方法。基于此，本书首先对这三类方法进行了梳理与概括，指明它们的内涵、主要技术特点以及存在的局限等，且在此基础上对相关的评测方法与指标进行了总结与评述，最后指出未来可能的研究方向。相对已有的查询重构推荐综述工作（李亚楠等，2010）来说，本书的主要贡献为：（1）对近几年最新的相关研究工作进行了综述；（2）从不同角度对查询推荐方法进行了全面归类与评述，并对后续研究进行了多角度多方向的展望。需要说明的是，因已有一些研究常常用“查询推荐”直接指代“查询重构推荐”（李亚楠等，2010；廖振，2013；Cai et al.，2016），为表述简洁，本书中的“查询推荐”在未特殊说明的情况下均指“查询重构推荐”，且本书所探讨的查询重构推荐主要为搜索引擎的查询重构推荐。

1.2　基于简单共现的查询推荐研究

最初的查询推荐方法是利用查询或查询词之间的直接共现信息来实现查询间的有效推荐，并且基于流行度角度，使得推荐的结果代表群体用户共性的信息需求。其主要思想为：共现于同一文档或者同一查询会话（Session）中的查询是关联的，可成为彼此的候选查询推荐。根据所依赖的不同数据集，此类方法又可细分为基于文档共现和基于查询日志共现两类方法。

（1）基于文档共现方法主要包括全局文档集共现与局部文档集共现两种。全局文档集共现方法是指分析利用所有文档中词间的简单共现关系，以此来获得与原查询关系最紧密的其他查询，从而构建推荐查询（Deerwester S，1990；Jing et al.，1994）。该方法能避免数据集稀疏问题，但当文档集合过于庞大时，计算复杂度较高，且不利于计算词间的语义关系；局部文档集方法是通过分析部分文档（典型如查询返回的排名靠前的文档）来实现推荐（Xu et al.，1996；Plansangket S，2017；Nogueira et al.，2017；Singh et al.，2016），该方法能在一定程度上降低计算复杂度，但如何选取相关文档是一个较难解决的问题。

（2）基于查询日志共现方法的核心思想为：根据查询会话中查询的共现信息，利用互信息（Jones et al.，2006）、关联规则（Shi et al.，2007；Fonseca et al.，2003）、相似度算法等来度量查询或查询词间的相关性（Huang et al.，2003），以此实现查询推荐。根据其推荐单元的不同，该方法可细分为基于查询级别的推荐和基于查询词级别的推荐，这两类查询推荐所采用的方法及其主体思想与主要特点参见表 1—1。

表 1—1　基于查询日志共现的查询推荐方法

相关方法及其主体思想		主要特点
基于查询级别的查询推荐：将查询作为推荐单元，通过查询之间的相互替换生成候选查询	基于共现频次的查询推荐：根据查询间共同出现在同一查询会话中的频次来实现查询推荐，即共现频次越高的查询对越有可能成为彼此的候选查询推荐（Fonseca et al.，2003）	简单易于实现，但容易推荐高频的噪声查询，也难以表达查询之间的间接关系
	基于逐点互信息（Point-wise Mutual Information）的查询推荐：将查询日志中相互依赖（共现）程度高的查询作为彼此的候选查询推荐（Jones et al.，2006）	避免高频查询被过多推荐，且能对候选查询进行排序，但会对低频查询进行过多推荐
	基于关联规则的查询推荐：从搜索日志中挖掘与当前查询匹配的搜索模式而实现查询推荐（Shi et al.，2007；Fonseca et al.，2003）	除能获得相关候选查询外，还能对候选查询进行排序，且计算复杂度低
	基于查询邻近算法的查询推荐：利用查询在同一查询会话中前后共现信息进行相关函数评分（廖振，2013；Fonseca et al.，2003；Boldi et al.，2008；Boldi et al.，2009）而返回候选查询	进一步考虑了查询序列信息，但是非对称函数，即查询对（q_i，q_j）与查询对（q_j，q_i）计算的结果值不一致
基于词级别的查询推荐：将查询词作为推荐单元，通过对初始查询进行添加、替换、删除词来生成候选查询	基于相似度算法的查询推荐：首先根据查询词在同一查询会话中共现信息而构建共现矩阵，再利用 Jaccard 函数计算两查询词之间的共现频次或者利用余弦值计算两查询之间向量相似性来定义查询间的相似性，实现初始查询中词的替换（Huang et al.，2003）	Jaccard 系数对高频查询有效，但是难以衡量低频查询之间的相关性；余弦值能有效衡量低频查询词之间的相关性，但是构建查询词向量的复杂度比较高
	基于对数似然比例（Log Likelihood Ration，LLR）的查询推荐：利用从假设中抽取的概率来计算二项分布下观察数据的概率，以此对文本元素（如查询词等）的相关度进行衡量（Jones et al.，2006），实现查询中词的替换	等同于互信息的计算，可减少对频数较少查询的过多推荐

续表1－1

相关方法及其主体思想		主要特点
基于词级别的查询推荐：将查询词作为推荐单元，通过对初始查询进行添加、替换、删除词来生成候选查询	基于转移概率的查询推荐：首先获得每个查询词的上下文词集，然后利用最大似然估计，分别计算每个查询词与其上下文词集合中每个词在同一数据集中的共现概率，以此获得每个查询词的上下文分布概率。最后利用 KL 距离（Kullback-Leibler）计算初始查询中词与候选词之间的上下文分布概率相似性，以此实现查询中词替换或添加而生成候选查询（Wang et al.，2008）	能实现查询词级别的查询推荐，如查询替换、查询添加等，但计算复杂度较高

整体来说，基于查询日志共现是简单共现方法中的主流方法，此类方法较易实现，缺陷在于难以对间接关系的查询实现推荐，且难以推荐语义相关的查询；查询会话的准确切分是实现此类查询推荐的前提条件，而基于时间间隔的查询会话切分方法常常影响查询推荐的最终准确度。

1.3 基于图模型的查询推荐研究

基于图模型的查询推荐是为了实现具有间接关系查询间的有效推荐。该方法主要通过图中节点关系来表达查询间关系，再利用图遍历等思想来实现查询推荐，其研究主要包括基于查询流动图的推荐与基于 Query-URL 点击图的推荐。

1.3.1 基于查询流动图的查询推荐

查询流动图（Query Flow Graph，QFG）（Boldi et al.，2008；Boldi et al.，2009）旨在利用查询会话中的查询重构信息来表示查询之间关系，以此实现查询推荐。该方法主要包括查询流动图构建以及候选查询排序两个过程。

（1）查询流动图构建。根据不同查询在同一查询会话中的共现情况（即查询重构行为信息）将其连接起来构成同质有向图 $G=(V,E,w)$。其中，$V=Q\cup\{s,t\}$ 表示图中节点集合，Q 表示提交给搜索引擎的不同查询集合，s 与 t 分别表示某搜索任务的起始节点与终止节点；边集合 $E\in V\times V$ 中每个元素表示两查询之间的有效边，表示用户提交查询的序列，若至少有一个用户在同一个查询会话中提交了 q_i 之后又提交了查询 q_j，则存在由查询 q_i 指向查询 q_j 的有向边；w 表示每对查询边 $(q_i, q_j) \in E$ 的加权函数，常用的加权函数主要有基于链接概率的加权（Boldi et al.，2008）以及基于查询间在同一查询会话中共现频数的加权（Szpektor et al.，2011）。

（2）候选查询排序。候选查询排序的方法主要包括：①基于权值的排序。根据查询流动图中候选查询节点与初始查询节点之间边权值的大小实现候选查询排序（Boldi et al.，2009）；②基于随机游走的排序。在查询流动图的基础上，首先构建查询间转移概率矩阵，通过随机游走迭代后将候选查询与初始查询之间的转移概率作为相关性分数，以此实现查询推荐（Boldi et al.，2008；Boldi et al.，2009）。

QFG 虽然能实现间接关系查询间的有效推荐，但存在如下问题：（1）不能完全真实地表示用户查询重构行为，如在实际行为中，用户会倾向于根据自己的偏好来修改查询，也会选择搜索引擎推荐的查询（Anagnostopoulos et al.，2010）；（2）难以为用户生成高效用（即满足用户需求）或实时性的查询推荐。于是，学者们尝试通对 QFG 进行扩展来解决以上问题，如 Anagnostopoulos 等（Anagnostopoulos et al.，2010）将查询推荐视为对查询流动图中随机游走转移概率的扰动，提出了为查询流动图中每个查询节点添加查询重构连接，以此来实现最终推荐结果的期望效能（返回相关查询结果集的概率）最大化；Baraglia 等（Baraglia et al.，2010；Baraglia et al.，2009）提出了一种增量算法（Incremental Algorithm）来更新 QFG 模型，使得最终推荐模型能不断添加数据集中的新信息且能删除时间久远的信息，以此满足用户不断变化的信息需求；李亚楠等（李亚楠等，2010）根据用户查询或查询间间接关系构建关系图，并提出了综合考虑查询关系图全局信息的加权 SimRank 算法，该算法能挖掘查询间间接关系和语义关系；朱小飞等（朱小飞等，2013）提出基于吸收态随机游走的两阶段效用性查询推荐方法对查询重构与查询点击行为进行建模，并根据学习到的各查询效用进行查询推荐；李竞飞等（李竞飞等，2016）为了将用户实时性意图融合到查询流动图中，首先利用查询流动图获得候选查询词以及用户对查询推荐结果的满意度，最后基于用户满意状态，利用自适应排序模型对候选查询与初始查询之间的新颖性与相似性加权对候选查询进行排序。

1.3.2　基于 Query-URL 点击图的查询推荐

Query-URL 点击图（或被称为 Query-URL 二部图）是由查询日志中用户查询、查询所对应的点击网页（URL）以及二者之间的连接边构成，此类

图表示为 $G=(V,E,w)$。其中，$V=V_1\cup V_2$ 表示节点集合，一端节点 V_1 表示用户提交的查询，另一端节点 V_2 表示用户提交查询后点击的 URL；边 E 用于连接 V_1 与 V_2 中节点的边集合；w 表示边之间的权重函数，主要是通过点击频次（罗成等，2014；Mei et al.，2008；Craswell et al.，2007；Ma et al.，2008；Liu et al，2012）、TF-IDF 值（Li et al.，2008）或熵值（Deng et al.，2009）确定。在点击图基础上生成查询推荐的方法主要有：（1）基于聚类方法的查询推荐。根据查询的点击向量，采用凝聚聚类（Beeferman et al.，2000）或 K 均值算法（Baeza-Yats et al.，2004）等聚类算法对 Query-URL 点击图进行聚类，同一类簇中的查询作为彼此的候选查询推荐；（2）基于随机游走的查询推荐。利用随机游走对点击图进行迭代，获得候选查询到初始查询平均首达时间（Hitting Time）（Meiet al.，2008；Jiang et al.，2014）或者转移概率（张乃洲，2015；Song et al.，2010），实现对候选查询排序。

相对查询流动图来说，Query-URL 点击图能融合表征用户意图的点击信息，其推荐结果更能满足用户需求，是当前查询推荐研究中最常用的图模型方法。但 Query-URL 点击图存在如下问题：（1）忽略了查询日志中的用户信息，难以根据用户兴趣实现查询推荐；（2）不同查询之间的共同点击 URL 数有限，难以对包含点击信息少的查询间关系进行衡量。为解决以上问题，研究者们尝试对 Query-URL 点击图进行扩展，如 Ma 等（Ma et al.，2008）为了将用户信息融合到查询流动图中，利用矩阵降维方法，基于点击信息构建了用户－查询二部图与 Query-URL 点击图，通过对点击图进行主题学习，推荐用户感兴趣主题下的查询；Sejal 等（Sejal et al.，2015）为解决查询点击信息稀疏性的问题，构建融合查询点击信息以及查询间文本相似度信息的图模型，两查询之间的边权值不仅包括查询之间共同点击 URL 数，也包含两查询文本相似度，再利用深度优先遍历模型来生成候选查询；张乃洲（张乃洲，2015）为解决 Query-URL 点击图中由于数据稀疏所产生的非两同质图现象带来的查询建议失败问题，对 Query-URL 点击图进行非两同质图检测和图合并操作，以此降低或消除图的非连通性，再采用基于随机游走模型的图挖掘算法，生成给定查询的查询建议集。

1.4 融合多种信息的查询推荐研究

基于简单共现与基于图模型的方法几乎都是单独利用查询日志或者文档信息实现查询推荐，最终主要解决的问题是发现与初始查询相关的查询。而融合多种信息的查询推荐方法是综合利用查询日志、词语、文档信息或者外部知识资源（Wikipedia、WordNet 等）等实现查询推荐，不仅可以返回相关查询，也有利于解决查询推荐中更为复杂的问题，如实现上下文相关的查询推荐、长尾查询的查询推荐、个性化查询推荐以及查询推荐结果多样化。

1.4.1 上下文相关的查询推荐

上下文相关的查询推荐，旨在推荐与当前初始查询之前的查询会话中搜索或点击行为等相关的候选查询。此类查询推荐的实现主要基于如下思路：上下文信息可以减少查询词的歧义性，提高查询推荐的准确度。如当用户输入一个歧义词“苹果”时，很难判断其需求是与水果“苹果”相关还是“苹果”电子产品信息相关，但若知道用户输入该查询之前输入了电子产品相关查询，则可判断用户更可能是对苹果电子产品相关信息感兴趣。

一些学者根据所需解决的问题对上下文给出了不同的界定且实现了与之相关的查询推荐。如 Cao（Cao et al.，2008）将用户最近提交的查询视为查询上下文，提出一种基于上下文感知查询建议方法，该方法分为线下和线上两步：在线下，使用户点击图进行聚类，把查询总结成不同概念，然后为查询会话数据序列构造概念后缀树作为查询建议模型；在线上，把用户提交的查询序列映射到概念中，获取用户搜索上下文信息，通过查询概念后缀树得到相关查询；Sordoni 等（Sordoni et al.，2015）将用户上下文定义为用户已经提交的查询序列，提出了生成概率模型（Generative Probabilistic Model）来实现基于上下文的查询推荐，将给定的一序列查询视为前缀，基于层次化的神经网络结构，即层次递归编码器－解码器（Hierarchical Recurrent Encoder-Decoder，HRED）预测后续最有可能出现的查询词序列，以此生成候选查询推荐；Qi 等（Qi et al.，2016）将用户所在位置视为上下文，首先构建加权关键词－文档图模型，以此捕捉查询关键词之间的语义相似度以及结果文档集与用户地理位置之间的地理距离，再采用重启式随机游走（Random-Walk-with-Restart）来遍历图，从而选择具有最高分数的关键词查询建议；石雁等（石雁等，2016）将用户的点击行为视为上下文信息，基于对用户查询点击日志进行分析与挖掘，首先采用朴素贝叶斯模型预测用户点击 URL 值，再利用反向点击图将每个 URL 预测值作为用户意图传播给日志中与其对应的查询项，再结合文本匹配和时间相关因子实现查询推荐；廖振（廖振，2013）将用户当前搜索之前的搜索行为作为用户的搜索语境，利用监督式学习方法获取查询之间相似度信息，并基于近邻聚类方法将搜索上下文的查询聚集成搜索任务，再设计基于搜索任务的随机游走推荐算法来生成任务相关的查询；Liu 等（Liu et al.，2011）与罗成等（罗成等，2014）认为搜索结果页面上的摘要是用户进行相关性判断的依据，隐含着迎合用户意图的信息，在利用已有方法生成候选查询的基础上，根据候选查询出现在摘要点击中的情况进行加权而对候选列表进行重排序。

以上相关研究大多从与初始查询共现的查询会话中捕捉用户上下文信息。但考虑查询会话中常常包含了多个搜索任务（Lucchese et al. 2011；Liao et al.，2012），查询会话中某些查询信息可能偏离了初始查询的用户意图，不能作为用户上下文信息。基于此，另有学者尝试在查询会话中识别与初始查询任务相同查询的基础上实现查询推荐。如 Field 等（Field et al.，2013）将表征用户上下文的查询分为任务查询与非任务查询，首先在时间间隔切分查询会话的基础上，综合根据词汇与语义相似度信息来判断两查询是否包含相同的搜索任务，最后通过随机游走遍历查询流动图实现查询推荐，其实验结果表明，当用户上下文中只包含任务查询时，有利于提高查询推荐的准确度；Ozertem 等（Ozertem et al.，2012）在自动标注查询之间是否相关时，考虑到同一查询会话中两查询可能表示不同任务，不能直接进行标注，并未将共现于同一查询会话的查询对直接标注为相关查询，而是在隐式识别用户任务的基础上计算两查询是否属于同一任务，然后再确定查询对之间的标注标签。

1.4.2 长尾查询的查询推荐

因用户查询的频度分布服从长尾现象（“Long Tail”）规律，即很大比例的查询被用户提交的频数较低（Goel et al.，2010），此类查询具有数据稀疏性。对长尾查询进行推荐的常用方法是利用伪相关反馈思想、模板或本体信息等对其自身信息进行扩展来实现查询推荐，如 Szpektor 等（Szpektor et al.，2011）首先构建查询模板，再通过查询模板之间的规则信息进行推理而实现对长尾查询的查询推荐；Garigliotti 等（Garigliott et al.，2017）（为对查询日志中无相关历史数据的查询实现推荐，利用生成概率模型从多种资源（如网络文档片段、网络文档集、WikiHow 等）中获取与初始查询相关的关键词句，再从这些关键词句中生成查询推荐；Song 等（Song et al.，2010）借用伪相关反馈思想，在实现查询推荐时，除了考虑用户点击的 URL 也考虑了用户跳转的 URL 信息，分别构建了 Query-URL 点击图与 Query-URL 跳转图，再利用随机游走重启技术分别对两个图进行遍历，最后通过 URL 之间关系对这两类图进行组合以此实现查询推荐；Santos 等（Santos et al.，2013）利用与长尾查询共现于查询会话或者共同点击了同一文档的查询来扩展长尾查询的信息且为其选取分类特征，最后利用学习排序（Learning to Rank）方法实现候选查询排序。

也有学者尝试在查询流动图或者查询点击图中加入查询词节点信息，通过扩充查询间关系进行查询推荐。如Bonchi等（Bonchi et al.，2011）将长尾查询分解到单词，构建了Term-Query图，图中节点由查询与查询词构成，图中边由查询间关系以及查询与查询词之间关系构成，且在图中分别以初始查询包含的词作为起始点随机游走遍历图，最后将与初始查询词之间转移概率高的查询作为候选查询；刘钰峰等（刘钰峰等，2014）提出基于查询上下文训练词汇与查询间的语义关系，并结合查询和URL对应的点击图以及查询的序列行为构建Term-Query-URL异构信息网络，采用重启随机游走算法进行查询推荐，该方法综合了语义和日志信息，提升了稀疏查询的推荐效果；白露等（白露等，2013）提出一种关于词项查询图（Term-Graph Model）的概率混合模型，首先将查询意图定义为单词的分布，从单词的角度去预测长尾查询的查询意图，再根据查询意图信息来集成单词的个性化随机游走方法，该方法通过衡量单词在查询中的重要程度对长尾查询进行推荐。

从以上相关研究中可以看出，已有研究大多基于对查询或者查询词进行扩展而实现查询推荐。但因长尾查询包含表征用户意图的用户行为信息稀疏而难以被利用，则此类查询的查询推荐结果常常难以定位到用户意图。因此，长尾查询的查询推荐研究可考虑与长尾查询类似的查询重构行为以及点击行为来优化推荐结果；另外，在一般情况下，长尾查询频率低，是因为用户的个性化比较强，提交这些查询词的用户较少，也可纵向获取用户更多信息，改进查询推荐结果。

1.4.3　个性化查询推荐

考虑到用户背景不同会带来搜索需求的差异，为使得个体用户尤其是弱势群体用户的信息需求不被强势群体淹没，学者们提出了满足用户个性化需求的查询推荐，即针对不同用户背景推荐不同的候选查询。此研究主要包括以下两个方面：

（1）基于单个用户信息的个性化查询推荐。根据单个用户历史提交查询或者点击文档来获得用户偏好信息，以此实现查询推荐。如Bing等（Bing et al.，2015）根据用户点击文档与所提交的历史查询构建伪文档，再利用LDA（Latent Dirichlet Allocation）分别对其进行潜在主题分析，以此获得每个词的潜在主题以及用户对每个主题的偏好概率，最后利用隐马尔科夫模型，根据词之间依存性、主题依存性以及用户偏好来建模，以此实现个性化查询推荐；王卫国等（王卫国等，2010）首先对用户检索文档集和用户历史查阅文档分别进行聚类而得到全局文档簇和用户兴趣簇，再对全局簇进行 LSA（Latent Semantic Analysis）分析，构建基于概念群的潜在语义空间，然后从用户兴趣簇提取前 n 个代表性关键词而形成用户向量，最后基于查询之间的潜在语义空间以及用户向量相似性来生成与用户兴趣相关的候选查询；Jiang 等（Jiang et al.，2014）将查询日志中每个用户条目视为一个伪文档，且假设每个文档是由一组潜在主题构成，在生成用户伪文档时，将同一查询会话中的查询词与 URL 限定在同一主题下，利用 Beta 分布去捕捉每个主题的时间突出性（Temporal Prominence），且在每个特定主题下为每个用户定制了查询词与点击 URL（即每个用户针对每个特定主题所偏好的查询词与 URL），最后根据查询与用户伪文档相似性实现个性化推荐；Chen 等（Chen et al.，2009）首先构建了查询－概念二部图（Query-Concept Bipartite Graph）和概念关系树（Concept Relation Tree），再基于用户当前最新提交的查询以及点击 URL，动态更新查询－概念二部图以及概念关系树来进一步实现个性化查询推荐；Chen 等（Chen et al.，2017）将用户提交的历史查询表征用户个性化信息，通过计算候选查询与用户历史查询之间的语义相似度的平均值来对查询进行候选查询的个性化排序；

（2）基于多个相似用户的个性化查询推荐。为了克服个性化推荐中获取单个用户信息的困难，一些学者（石雁等，2016；孙达明等，2016）认为具有相似搜索行为的搜索偏好相似，将相似用户历史行为数据扩充到单个用户数据中，以此实现个性化查询推荐。如石雁等（石雁等，2016）提出将每个用户的查询日志作为文档，利用空间向量模型计算文档间的相似度，故可将用户在历史数据中对链接的点击频率作为对链接的偏好评分，采用改进的欧氏距离计算用户的最近邻居，然后基于朴素贝叶斯模型，训练数据并预测查询－链接的点击率，且将其作为权重用于 Query-URL 点击图中，最后利用点击传播产生查询推荐；孙达明（孙达明，2016）在查询流动图的基础上，构造密集行为块来表示用户特征，从而构建用户行为模型以此区分用户背景，且提出了面向多样化搜索背景的查询推荐方法。

当前个性化查询推荐研究大多是基于“所有查询都适合个性化技术”的假设。但 Dou 等（Dou et al.，2007）研究发现，个性化技术并非适合所有查询，某些查询采用个性化技术反而会降低用户满意度，如为查询“百度”返回搜索结果时，用户更多关注百度网站主页，故此类查询更适合基于大众访问的排序方法。个性化查询推荐也应考虑这一问题，需要在深入理解某查询是否具有个性化意图的基础上，再进行选择性的个性化查询推荐（Cai et al.，2016）。

1.4.4　多样化查询推荐

多样化查询推荐是满足用户大众化意图与个性化意图的一种折衷方法，通过为多含义查询提供尽量多的涵盖含义类别的推荐集合，以降低推荐失败的风险。其中，当前一些搜索引擎的查询推荐结果体现了多样化，如图 1－1 中百度为模糊查询“苹果”生成的候选查询推荐既包括了与电子产品子主题相关也包括了与水果主题相关的查询；同样，图 1－2 中 Google 为模糊查询“earthquake”生成了包含“earthquake”在内的多个潜在主题（如“earthquake california”“earthquake philippines”等）的查询推荐。

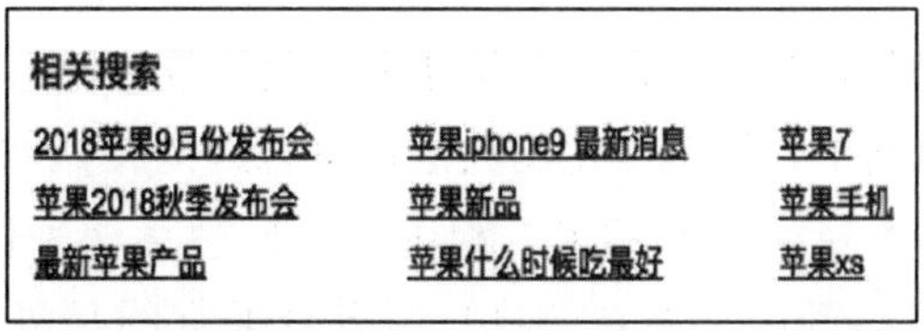

相关搜索

2018苹果9月份发布会	苹果iphone9 最新消息	苹果7
苹果2018秋季发布会	苹果新品	苹果手机
最新苹果产品	苹果什么时候吃最好	苹果xs

图 1－1　百度为查询“苹果”生成的查询推荐

earthquake的相关搜索

earthquake news	earthquake philippines
earthquake now	earthquake california
earthquake today	earthquake definition
earthquake indonesia	earthquake los angeles
earthquake map	latest earthquake

图 1－2　Google 为查询“earthquake”生成的查询推荐

多样化查询推荐的主要思路是采用不同迭代方法，发现既与原始查询相关且与已有候选查询存在差异的候选查询。实际上，大多数研究者通过迭代选择能最大程度地覆盖原查询潜在子主题且尽可能与已有候选查询集中子主题冗余度最小的候选查询相关。其中，根据考虑初始查询潜在子主题的方法，查询推荐多样化方法主要分为以下两种：

（1）隐式多样化方法。此类方法基于相似查询包含相似子主题的假设，隐式地考虑初始查询中的潜在子主题，通过比较待排序查询与已选择候选查询的差异度来减少候选查询之间的语义冗余度。其中，MMR（Maximal Marginal Relevance）是常用的迭代算法，即在每次迭代中，通过比较待排序查询与已有候选查询间的相似度来判断当前待排序查询是否存在差异以及差异程度，并据此对当前待排序查询进行选择。其中，如何计算查询之间相异性是此类方法的研究重点。相关研究主要如：Ma 等（Ma et al.，2010）首先基于构建 Query-URL 点击图为初始查询返回第一个相关查询并构建候选查询集合 S，然后利用 Hitting Time 来选择其他多样化的候选查询，即每次将到 S 的 Hitting Time 最大查询作为候选查询并添加到 S，以此实现多样化查询；Bordino 等（Bordino et al.，2011）首先利用查询日志中信息构建查询流动图，利用谱投影技术（Spectral Projection）将初始 QFG 映射到低维欧式空间（即利用广度优先原则为每个查询抽取子图），通过计算投影点之间的距离来计算图中两查询之间的差异性，最后利用贪婪算法（Greed Algorithm）实现查询结果多样化；Song 等（Song et al.，2011）首先利用随机游走从查询日志中为初始查询返回系列候选查询，再构建多样化函数对候选查询进行重排序以返回多样化结果。其中，该多样化函数是在综合查询相似性以及如 URL 的差异性、域名多样性等特征的基础上，利用学习排序算法来优化 MMR 多样化函数生成；Zhu 等（Zhu et al.，2011）假设查询空间是流行的（Manifold），提出在查询流行排序（Manifold Ranking）中引入停止点信息来计算查询之间的相关度以及相异度，以此实现多样化查询推荐；Hu 等（Hu et al.，2013）提出了对词级别进行查询推荐的方法，首先将每个查询词映射到 Wikipedia 主题中，再基于 MMR 算法来对查询词之间的相关性以及主题相异性建模，最后利用贪婪算法（Greedy Algorithm）实现词级别查询推荐的多样性；Jiang 等（Jiang et al.，2014）提出了具有多样化感知的个性化查询建议（Personalized Query Suggestion with Diversity Awareness）方法。在该方法中，首先对查询日志进行多一二项（Multi-Bipartite）表示，再利用规则化框架为原查询识别最相关的候选查询推荐，然后再利用交叉二项首达时间（Cross-Bipartite Hitting Time）模型来选择相关且彼此之间存在差异的候选查询。

（2）显式多样化方法。在抽取查询子主题的基础上，通过显式地判断当前待排序查询对未覆盖子主题的覆盖程度来对其进行选择。其中，如何挖掘查询的潜在主题以及如何计算查询对子主题的覆盖度是此类研究的重点。相关研究主要如：Kim 等（Kim et al.，2014）首先从初始查询返回结果文档中抽取关键词，再基于关键词之间的检索性能和主题相似性来对关键词进行聚类，以此生成查询分面，再基于查询返回伪文档训练决策树为每个查询分面生成候选查询推荐，最后利用 ExQuAD（Explicit Query Aspect Diversification）多样化模型（Santos et al.，2013）（类似 MMR 算法）来筛选与查询文档相关且与已有候选查询主题不同的查询；Chen 等（Chen et al.，2017）提出了融合用户个性化与多样化意图的查询推荐模型，在基于 ODP 结合点击文档识别查询分面的基础上，将用户的长时间搜索行为融合到贪婪模型计算待排序查询对未覆盖子主题的覆盖度来实现多样化查询推荐。与隐式查询推荐多样化方法相比，显式查询推荐多样化方法的结果中必然包括涵盖初始查询潜在子主题的候选查询；但相对于隐式查询推荐多样化方法，显式查询推荐多样化方法在挖掘识别查询的潜在子主题以及计算候选查询对每个子主题的覆盖程度方面会付出更大代价。

查询推荐结果多样化是当前比较新的研究任务，虽目前研究主要采用在主题覆盖度或信息多样性等与相关度之间寻求一种平衡的语义化策略，而实际上，多样化是个复杂性的问题，还需考虑许多其他策略如新颖性、价值、质量等（任鹏杰等，2015）。例如，网络是一个动态空间，用户信息需求随时间而变化，需要考虑用户提交查询发生的特定场景才能返回精确结果，故在对具有时态意图的语义进行模糊性查询时，其多样化结果排序还需考虑到用户的实时意图。

1.5　数据集与结果评测

1.5.1　数据集

数据集是查询推荐评价的重要基础。目前，查询推荐研究领域还无权威的数据集，各学者在进行研究时往往根据自己需要选取不同的数据集。综合已有研究，查询推荐的数据集主要来源于搜索日志，且可公开获取的主要有 AOL、MSN 与 Sogou 查询日志数据集，其具体统计信息可参见 Cai 等（Cai et al.，2016）。

1.5.2　查询推荐评测方法

查询推荐评测主要有人工评价和自动评价两种方法。

1）人工评测方法。

针对每个评测查询，取出某个推荐方法为其返回的前 n 个推荐结果，邀请评测者对这些推荐结果的相关度（如相关、不相关或部分相关）进行评价（Sordoni et al.，2015；Chen et al.，2017）。

2）自动评价方法。

利用查询日志或者其他资源判断查询之间的相关性。包括：（1）基于查询日志的相关性判定：将每个查询会话中的查询分为满意和不满意两类（Ma et al.，2008）。若某查询位于某查询会话的结束且用户提交该查询后至少点击了一个 URL 地址，则该查询将被视为满意查询；而在同一查询会话中位于满意查询之前的查询被视为不满意查询；将不满意查询作为测试查询，利用相关查询推荐为其返回推荐结果，最后根据推荐结果集中包含满意查询的情况来衡量该推荐方法的效果（Bing et al.，2015）；（2）基于其他资源的相关性判定。利用人工编辑目录（ODP）、WordNet 与 Google Directory，通过计算候选查询与初始查询之间语义相似度来衡量查询间相关度（Ma et al.，2008；Deng et al.，2009；Ma et al.，2010；朱小飞等，2011）。

1.5.3 查询推荐评测指标

查询推荐的最初目标是为用户推荐几个最相关的查询，主要评价指标为信息检索领域被广泛使用的准确度（Precision），MAP（Mean Average Precision）、NDCG（Normalized Discounted Cumulative Gain）等。随着后期满足用户意图的查询推荐以及多样化查询推荐等研究工作的开展，一些研究者（Baraglia et al.，2010；朱小飞等，2013；Jain et al.，2011；Bhatia et al.，2011；Ma et al.，2012）在评价某查询推荐结果时，除了考虑推荐结果是否与初始结果相关，也分别从效用性（Utility）（Jain et al.，2011；Baraglia et al.，2010；朱小飞等，2013）或多样化角度（Bhatia et al.，2011；Ma et al.，2012）进行评价。其中，效用性角度与多样化角度旨在基于判断推荐结果是否与初始查询相关，进一步分别判断查询是否满足用户信息需求或候选查询之间是否存在主题差异性。基于以上三个角度提出的主要评测指标及其说明见表 1－2。

表 1－2 查询推荐的主要评测指标

评价指标的类别	评价指标	具体解释以及使用情况	说明
相关度：候选查询与初始查询之间是否主题相似	准确率（Precision）： $Precision@N = \frac{\sum_{i=1}^{N} Rel(i)}{N}$	排名前 N 个查询推荐的准确度。$Rel(i)$ 是二值函数，若第 i 个推荐为相关，其值为 1，否则为 0。该指标被用于一众研究文章（石雁等，2016；Chen et al.，2009；Jain et al.，2011；Yan et al.，2011；Song et al.，2012；Chen et al.，2018）	较多使用，有时被称为 Quality 或 Accuracy

续表1－2

评价指标的类别	评价指标	具体解释以及使用情况	说明
相关度：候选查询与初始查询之间是否主题相似	召回率（Recall）：$Recall@N=\frac{\sum_{i=1}^{N}Rel(i)}{S}$	召回相关查询的比例。$Rel(i)$是二值函数，若第i个推荐为相关，其值为1，否则为0；S表示所有可能潜在的查询推荐。该指标被用于一众研究文章（Chen et al.，2009；Jain et al.，2011；Yan et al.，2011；Song et al.，2012；Chen et al.，2018）	很难获得所有的相关查询数，故较少使用
	平均准确率（MAP）：$MAP=\frac{1}{K}\sum_{i=1}^{K}\frac{1}{\lvert R_i\rvert}\sum_{k=1}^{\lvert R_i\rvert}P(R_i[k])$	所有测试查询下的平均准确率。K为查询测试集，$\lvert R_i\rvert$为测试查询q_i对应的相关查询推荐集合，$P(R_i[k])$是在查询q_i的排序队列中观察到查询$R_i[k]$的概率，如查询相关则为1，否则为0。该指标被用于一众研究文章（石雁等，2016；Song et al.，2012）	MAP指标能解决准确度与召回率指标中的单点值局限性，同时能考虑推荐结果的排名问题
	正规化的累积收益折扣（NDCG）指标：$NDCG@N=\frac{1}{IDCG(q)}\sum_{i}\frac{2^{r(i)-1}}{\log_2(i+1)}$	该指标使用等级相关性分数，根据查询在结果列表中的排序来衡量查询的有用性或者增益。$r(i)$表示排序为i的查询推荐的相关等级；$IDCG(q)$是归一化因子，对应最佳情况下的排序结果。该指标被用于一众研究文章（Liu et al.，2012；Song et al.，2012）	最佳的推荐结果难以获取，一般采用一些近似方法来获取。如推荐方法中前50个结果里的最佳排序来替代
	MRR（Mean Reciprocal Rank）指标：$MRR(A)=\frac{1}{\lvert Q\rvert}\sum_{i=1}^{\lvert Q\rvert}\frac{1}{rank_i}$	多个测试查询的所返回查询推荐中第一个相关查询排名倒数的均值。$rank_i$表示第i个测试查询所返回查询推荐中第一个相关查询的排序数；Q表示测试查询集。该指标被用于一众研究文章（Sordoni et al.，2015；Feild et al.，2013；Chen et al.，2017；Chen et al.，2018）	计算简单，是常用的评测指标
	Similarity指标：计算查询对的语义相似度，具体的Similarity方法依赖于所采用的语义资源，其定义往往不统一	一种为基于Google Directory，ODP，Wikipedia的相似度，见于（Ma et al.，2008；Deng et al.，2009；Ma et al.，2010；Gupta et al.，2016）；另一种为基于点击向量或上下文向量的查询相似度，见于一众研究文章（Jain et al.，2011）	一般在无基准实验结果集的情况下使用；但如何获取相应的语义资源是采用此类指标的关键

续表1－2

评价指标的类别	评价指标	具体解释以及使用情况	说明
效用性：候选查询是否满足用户需求	MM-AMAP 指标：最大匹配均值准确度（Maximum Matching Averaged Mean Average Precision）	根据查询推荐所返回文档能覆盖查询潜在子主题的能力来对其推荐结果进行评价；若候选查询中包含了初始查询的某个子主题，则说明该候选查询有效。该指标被用于一众研究文章（R Nallapati et al.，2018）	如何获得查询子主题是采用该指标中的难点，故较少使用
	QRR 指标：$QRR(q)=\frac{RQ(q)}{N(q)}$	$RQ(q)$ 表示候选查询推荐 q 作为重构时，用户点击相关文档的总查询次数，$N(q)$ 表示查询 q 作为查询重构的指数。该指标被用于一众研究文章（朱小飞等，2013；Guo et al.，2017）	难以获得查询的点击文档信息，故该指标较少使用
	MRD 指标：$MRD(q)=\frac{RD(q)}{N(q)}$	$RD(q)$ 表示查询 q 作为重构时，用户点击的相关文档数目。该指标被用于一众研究文章（朱小飞等，2013；Guo et al.，2017）	需获得查询相关文档，评测工作较复杂，故较少使用
多样化：候选查询之间是否存在主题差异性	AMDR 指标：$AMDR(q)=\frac{\sum_{q_i,q_j\in SQ} MDR(q_i,q_j)}{C^2_{\lvert SQ\rvert}}$	查询推荐结合中两两查询之间相关文档的相异度。$MDR(q_i,q_j)$ 两个查询同一搜索引擎返回相关文档的相异比值；SQ 表示查询推荐集合。该指标被用于一众研究文章（张乃洲，2015）	需获得查询相关文档，评测工作较复杂，故较少使用
	ERR-IA 指标：$ERR\text{-}IA=\sum_{r=1}^{n}\frac{1}{r}\prod_{r=1}^{r-1}(1-R_i)R_r$	该指标表示用户的需求被满足时停止的位置的倒数的期望。R_i 表示查询相关度等级的函数；单独计算每个主题的 ERR 值，然后计算子主题的加权平均值。该指标被用于一众研究文章（Gargigliotti et al.，2017；Miyanishi et al.，2013）	计算相对简单，查询推荐结果多样化评测中常采用的指标
	SD 指标：$SD(S_q)=\frac{\sum_{i=1}^{K}\sum_{j=1,i\neq j}^{K}D(q_i,q_j)}{K\times(K-1)}SD(S_q)=\frac{\sum_{i=1}^{K}\sum_{j=1,i\neq j}^{K}D(q_i,q_j)}{K\times(K-1)}$	根据查询之间点击文档差异性衡量查询之间差异性。K 表示查询集合 S_q 中包含的查询个数；$D(q_i,q_j)$ 表示量查询所点击文档的差异性。该指标被用于一众研究文章（Ma et al.，2010）	如何为每个查询获取相关的点击文档是关键，故较少使用

续表1－2

评价指标的类别	评价指标	具体解释以及使用情况	说明
多样化：候选查询之间是否存在主题差异性	α －NDCG@N 指标： $\alpha - NDCG@N = \dfrac{\sum_{i=1}^{N} NG(i/\log(i+1)}{\sum_{r=1}^{k} NG*(i)/\log(i+1)}$	该指标是 NDCG 指标的变形，其中新发现的查询主题将会被奖励，而多余的主题将会被惩罚。$NG(i)$ 表示排名列表中排在 i 位置的新颖性收益。该指标被用于一众研究文章（Santos et al.，2013；Chen et al.，2018）	计算较为复杂，但是查询推荐结果多样化评测中常采用的指标

1.6 研究小结

纵览国内外相关研究，查询推荐研究近年来在信息检索领域受到了广泛关注且取得了较大进展，其研究主要集中在查询推荐方法以及查询推荐结果评测两方面。根据所依赖的数据集与所能解决的最终问题，查询推荐方法可分为三类：基于简单共现、基于图模型和融合多种信息。其中，基于简单共现方法主要分为基于文档与基于查询日志两类，基于图模型方法细分为基于查询流动图与 Query-URL 点击图两类，而融合多种信息方法根据其解决的问题又可细分为上下文相关的查询推荐、长尾查询的查询推荐、个性化查询推荐以及多样化查询推荐四类。另外，查询推荐评测方法主要包括人工评测与自动评价，而评测指标除了信息检索领域被广泛使用的准确度等指标外，还包括对推荐结果效用性以及多样性进行评价。

2 相关理论基础

2.1 基于认知的信息检索模型

随着信息化程度的加深，各种资源呈井喷式增长，如何在信息海洋中查询到合适的信息成为当前人们面对的难题，信息检索正是为解决信息需求应运而生的，人们通过信息检索系统能获得自己所需的信息。其中，传统的信息检索是以“系统为中心”，其检索交互模型如图 2-1 所示。在该模型中，系统首先给每篇文献赋予能描述其内容的文献表达式，用户再根据自己的信息需求构建检索表达式，当文献表达式与查询表达式相匹配时，一个成功的检索就产生了。当时的系统观过于强调计算机层面的系统设计以及系统内部的过程，要求用户信息需求适用系统，而忽略了系统应适应用户信息需求的能力。这种观点在 20 世纪 70 年代末受到了挑战，并逐渐呈现弊端。在这种背景下，强调理解人的知识结构变化，以及人在情报使用及查询情景中组织和处理情报方式的认知观应运而生（汪冰，1998）。

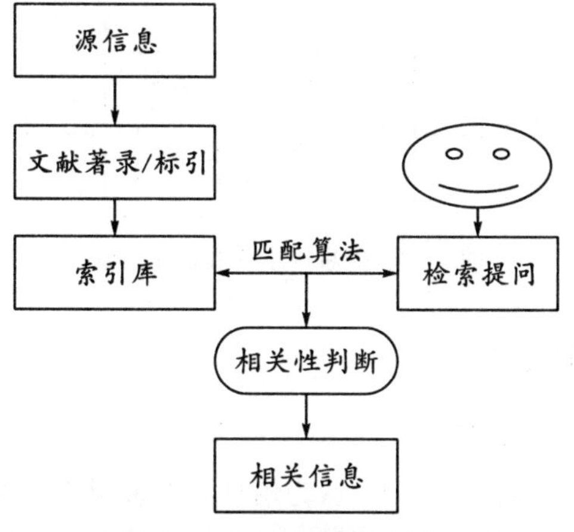

图 2—1 信息检索交互模型

认知科学的发展给信息科学带来了新的研究方向，信息认知观的确立使信息工作者开始从信息本身的研究转向对信息用户的研究。基于此，信息检索的研究也就从“以系统为中心”向“以用户为中心”改变。在网络化、数字化时代，基于用户认知的交互使信息检索系统能从用户的视角去审视信息检索服务，通过与用户交互，尝试理解用户的查询意图，让查询结果更符合用户需要需求，从而使得信息检索向智能化与个性化的方向发展。

其中，认知信息检索（Cognitive Information Retrieval，CIR）是基于认知科学在信息科学中应用的基础提出来的。在基于认知的检索模型中，其匹配方式主要基于整合认知匹配的机制。具体而言，首先对信息源标引项按照用户认知进行归类，在此基础上形成领域知识库，提取用户认知库中契合个体用户特征的认知要素，对这些要素进行整合认知匹配，即用户情景、信息语义等要素匹配，最终生成检索返回结果，便于用户对相关性进行判断。用户认知在信息检索中具有重要作用，且用户的信息需求表达和相关性匹配是交互模型中的两个重要部分，具体如图 2−2 所示。

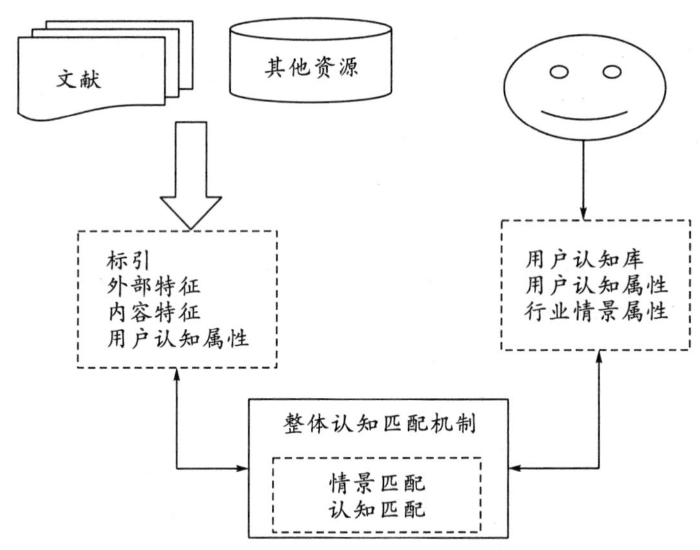

图 2−2　信息检索交互认知模型

2. 1. 1　信息需求的表达

1）信息需求表达的层级。

Belkin（Belkin et al.，1982）认为信息需求来源于个人模糊的知识状态，当个人意识到自己的知识不足以处理突发状况时，就会产生相应的信息需求。

并在基础上提出了知识混沌学说，即 ASK 模型（Anomalous State of Knowledge）。在该模型中，Belkin 认为用户与检索系统的交互包括以下几个阶段：

（1）最初，用户处于有问题需要信息的辅助予以解决的状态，即用户有真实的信息需求（Real Information Need，RIN）。

（2）RIN 被用户感知并构建感知到的信息需求（Perceived Information Need，PIN）。PIN 是 RIN 的心理表示，有时用户可能并不能以正确的方式或方法感知 RIN，因而 PIN 有别于 RIN。

（3）其后，用户通过查询请求（Request）表达（Expression）PIN，即用自然语言描述 PIN。

（4）最后，用户（可能在检索中介的帮助下）借助检索语言将查询请求形式化（Formulization）为查询表达式（Query）。

ASK 模型作为信息需求的支撑，现有的信息检索系统都是建立在 ASK 的基础之上的。该模型对于在信息搜索过程中获得更丰富的信息起到了桥梁的作用，可以用于跨越知识鸿沟。事实上，当前检索系统或检索工具还只能响应第三层级与第四层级的信息需求。根据以上 ASK 理论，用户在实际使用搜索引擎时，即信息需求表达的过程可通过四个元素（RIN、PIN、查询请求和检索表达式）与三个项目操作（感知、表达、形式化）来表达，即用户信息需求表达的过程与层级图分别如图 2-3、2-4 所示。

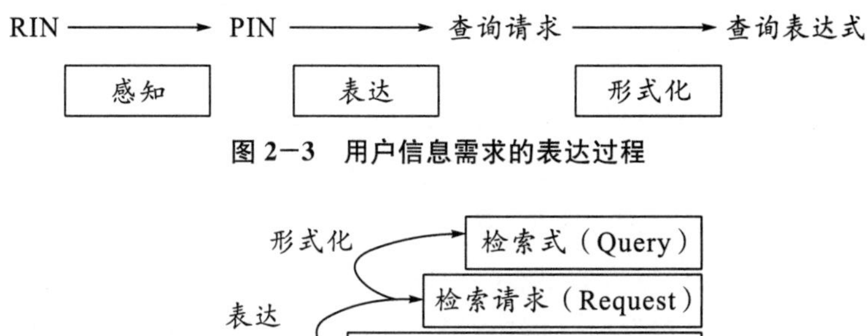

图 2-3　用户信息需求的表达过程

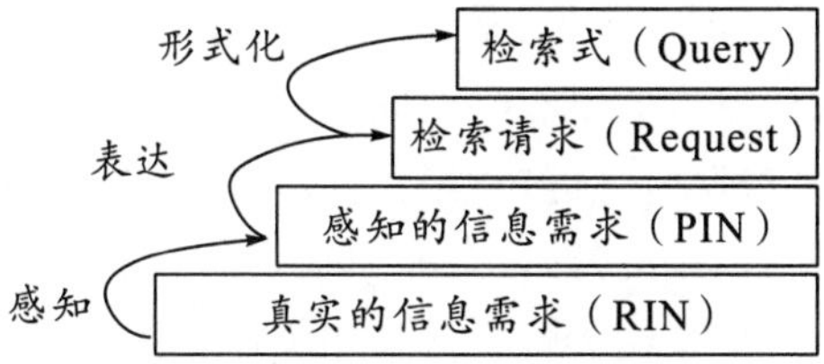

图 2-4　用户信息需求表达层级

2）信息需求表达过程中存在的问题。

用户查询意图可以理解为驱动用户检索行为的一种隐性信息需求，常被量化为用户希望得到的检索结果集合。检索式作为用户与检索系统之间的沟通语言，通常被认为是用户意图的直接载体。然而，根据意大利学者 Stefano

Mizzaro 的理论，用户在实际检索中提供的关键词，只能表达用户信息需求的“冰山一角”。由用户需求层次可知，信息检索系统获得的只是被用户感知后，表达、形式化后的规范表达式。传统的检索系统都假设用户表达信息需求的整个过程中不发生用户真实信息需求的扭曲和丢失，则用户提交的检索式是真实信息需求的表达。然而事实上，很多研究者认为在信息需求的感知、表达和形式过程中都容易造成信息的失真和不平衡。Belkin 等（Belkin et al.，1982）曾在早期的用户认知建模研究中提出了知识的非常态状态概念，强调了人们在感知内心需求的过程中所存在的那种不确定性。Ingwersen 等（Ingwersen et al.，1992）也在用户认知因素方面的研究中提出了检索用户存在的知识不完整状态、知识不确定状态等现象，这表明从 RIN 到 PIN 之间的“感知”操作存在忠实表达的问题。另外，Furnas 等（Furnas et al.，1987）提出的“词汇问题”，则强调了文档词汇空间和查询词汇空间的不匹配问题，即用户在查询中使用的词汇跟基于文档内容索引的词汇可能并不存在那么可靠的匹配性。Ingwersen 通过用户行为研究发现，检索行为中存在普遍的“标签效应”（Label Effect），即人们倾向于用标签或者关键词的形式来表达自己的需求，而不会做一个完整的需求陈述，且这些标签通常都倾向于精简。由此可见，最后一步由 Request 到 Query 的“形式化”过程也因为自然语言与系统语言之间表达能力的差异性，存在语义丢失或者扭曲的现象，用户所提交的查询只是其意图的粗略表达。

2.1.2 相关性（Relevance）研究

相关性是信息检索领域的研究重点，是衡量信息检索系统的重要指标，是指认知行动者或系统算法设备对感知到的主题、针对性、有用性和实用性等的评价（孙在全，2010）。Saracevic 等（Saracevic et al.，1996）指出，用户虽竭尽全力地查找相关信息，但没有必要向系统用户解释什么是相关性，因用户都是从知觉上对其加以理解。目前对相关性的评价主要有以下两个派别：（1）面向系统的相关性（客观相关性），主要包括算法或者系统相关性等；（2）面向用户的相关性，包括情景相关性、认知相关性、动机或情感相关性等。先前对相关性的研究也集中探讨信息检索是系统相关性还是用户相关性这一问题。而后，相关性的研究大多集中在将相关性视为人与计算机的一个认知交互过程，并且，学者们尝试提出不同级别的相关性。

相关性研究领域中的著名学者 Saracevic（Saracevic，1996）认为相关性应有不同层级，并定义了五种不同级别的相关性。（1）算法或者系统相关性，即查询词与信息对象之间的相关性；（2）主题相关性；（3）认知相关性；（4）情景相关性；（5）动机或者情感相关性。具体参见表 2－1。其中，情感（动机）相关性中描述的关系是用户意图、目标或者动机与信息对象之间的关系。满意度、成功率以及完成程度是情感相关性对关系进行推理的相关指标。由此可见，用户意图是情感相关性中的一个组成部分。

表 2－1 各类相关性的描述

相关性类别	关系描述	"成功"的指标
系统/算法相关性	查询与信息对象相关性	通过推断评价相关性能
主题相关性	查询包含的主题与信息对象中包含的主题相关性	主题相关
认知相关性	用户的知识状态和认知信息需求与信息对象之间的相关性	信息量、新颖度、信息质量和认知一致性
情景相关性	用户当前所处情景，以及需完成的任务或需解决的问题与信息对象之间的相关性	对决策的有用性、减少不确定性、信息的准确性
情感/动机相关性	用户的意图、目标和动机与信息对象之间的相关性	满意度、成功率以及成就感

另外，Saracevic（Saracevic，1996）也认为相关性应该包含一定的属性，于是，在假设相关性来源于用户认知的前提下，综合哲学、通讯学等知识，将相关性的属性进行了概括。其中，他首先将相关性的属性简单描述为"相关性通过推断这一方式，动态地、交互地建立用户意图与用户情景之间的关系"，并在此基础上，总结了相关性具有如下五个属性：（1）关联：相关性通常在交流或者交互中包含关联；（2）意图：相关性中的关系包含了目标、动机等意图；（3）情景：用户的意图经常来自某一情景；（4）推理：评价给定关联的有效性；（5）交互：推理是在一个动态交互过程中完成。

考虑到不同类型相关性的五属性取值不一样，Saracevic（Saracevic，1996）将相关性的五属性与不同层级相关性关联起来，表 2－2 表示不同层级相关性在五属性下的不同取值情况。从该表中可以看出，在不同相关性中，用户意图的属性不一样，比如说，在算法相关性中检索算法中包含的意图被认为与系统相关性相关；在主题相关性中，"意图"是指用户评价者期望获取的信息，或者说查询中包含的意图；在认知相关性中，意图是指高度个人化和主观化的信息需求；在情景相关性中，意图是指高度个人化和主观化的信息需求，且与用户的工作任务相关；在情感相关性中，意图是指高度个人化和主观化的信息需求且与用户的情感需求相关。另外从情感相关性的关联属性可以看出，高层次的相关性，是用户意图与信息对象发生联系的。

表 2-2　不同层级相关性在五属性下的不同取值（Saracevic，1996）

	系统/算法相关性	主题相关性	认知相关性	情景相关性	动机/情感相关性
关联	查询⇒信息对象（基于特征）	查询中包含的主题⇒信息对象	知识状态/认知信息⇒信息对象	用户所处情景、任务或需解决的问题⇒信息对象	用户意图、目标、动机⇒信息对象
意图	（1）基于系统 （2）算法背后的意图	（1）用户评价者的期望 （2）查询中包含的意图	高度个人化和主观性，与信息需求相关	高度个人化和主观性，与工作任务相关	高度个人化和主观性与情感需求相关
情景	调整搜索引擎性能（如 TREC）	所有的主观相关性，都是基于情景（即用户或者评测者的情景）来定义的			
推断	加权或者排序算法	解释	主观或者个人化的解释、规则和过滤	用户通过有用方式来利用这些信息对象的能力	
交互	自动相关返回或者查询修改	与时间相关的相关性评价	在较大程度上与时间相关	包括与社会组织领域相关的交互	高度个人化的交互

从以上相关性的属性和层级可以看出，不同层级的相关性，其“用户意图”属性的取值不一样，用户意图是相关性判断的一种重要属性。

2.2　查询意图相关理论

2.2.1　查询意图概念界定

用户意图概念是理解查询意图概念中的关键部分。Searle 等（Searle et al.，1984）将意图定义为某一精神状态特征且在该精神状态中包含了导向、关于或者表达的某一实体或者事物状态。其中，意图包含如下两个层面：第一个层面为内在意图现象，即已经存在于行为主体的信念或者视觉经验。第二个层面是导出的意图，由第一个层面的意图产生，该层面的意图与 Saracevic 对相关性意图属性的定义一致。Nguyen（2004）将用户意图分为偏好（Preference）、兴趣（Interest）与情景（Context），即表示用户当前感兴趣的信息（Interest）、查询需要如何被构建（Preference）以及用户根据某一搜索主题（情景）而修改查询的原因。

Anscombe 等（Anscombe et al.，1960）将意图界定为“对未来将要发生动作的描述”，其中，描述者为这些动作的执行者；Shen 等（Shen et al.，2008）通过语义（Semantic）、偏好（Preference）与语用（Pragmatics）三维度来界定用户意图。其中“语义”是指意图所包含的主题意义（Topical Sense），即对意图的主题表达式；“偏好”是指用户针对特定主题表达的偏爱；“语用”是指与主题表达相关的一系列任务或者行为。例如，针对用户意图的主题表达式“汽车”，其可能存在的实用性可能有“购买”“拍卖”等，而用户对其偏好性可体现在汽车的型号与颜色等方面。其中，对用户意图的识别就是将“偏好性”与“语用”与意图表达式相关联。Jansen 等（Jansen et al.，2008）将用户意图界定为用户在搜索引擎交互过程中所表达出来的情感的、认知的、情景的目标。Belkin 等（Belkin et al.，1982）将用户搜索事件分为用户交互目标、交互方法、检索模型以及交互的资源类型。意图相当于用户交互目标，而查询表达式相当于交互方法。用户的查询意图是指用户在特定时间内使用搜索引擎时，实际所希望找到的信息（江雪等，2013）。

2.2.2 查询意图理解维度

一般来说，查询是表达用户信息需求的元素，但由于其简短性，也只能表达用户信息需求的冰山一角。查询关键词中隐含体裁、主题、权威性等相关维度，具体如图 2-5 所示。

1）体裁（Genere）。

体裁主要为用户意图提供一般背景。其中，查询中可能包含的信息体裁有新闻（News）、商业（Bussiness）、参考（Reference）以及社区(Community)。当用户对查询结果的兴趣与当前事情或者人相关，则该查询的体裁可认为是新闻，如查询“巴以冲突”；若某查询反映了用户想从事一些事务如购买、拍卖相关商品或者服务，则该查询的体裁可认为是商业，如查询“家具购买”。参考查询是指向获得与数据、姓名、地名或者资源相关信息，其目标是获得与之相关的描述，如查询“预防近视的方法”。社区查询与社会、生活方式、网络社区组以及交互工具（如“视频聊天”）。该维度能限定搜索引擎查询信息的范围，使得搜索引擎能快速准确地获取信息。比如，若某个查询的信息体裁是“社区”，则搜索引擎将会在博客、论坛、社区如 Facebook 中获取信息。

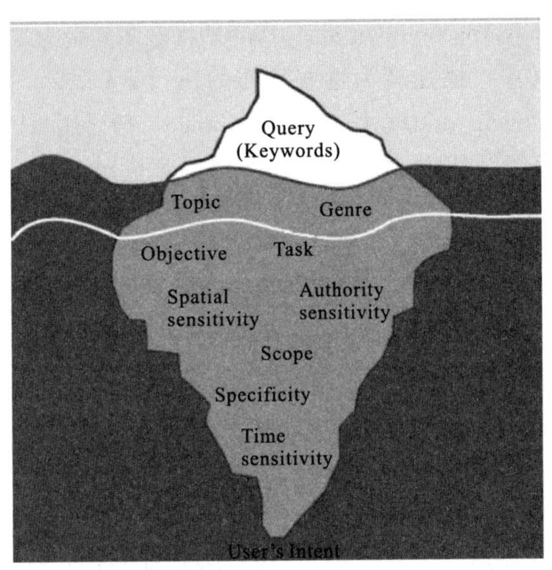

图 2-5　查询—理解用户意图的冰山一角（González-Caro et al.，2011）

2）主题（Topic）。

Grimes 等（Grimes et al.，2007）研究发现，为了更好地理解用户查询意图，查询主题是一个重要维度。其中，查询主题主要包含的值有：艺术与文化（Art & Culture）、美学与风格（Beauty & Style）、汽车与交通（Cars & Transportation）、计算机与网络（Computers & Internet）、教育（Education）、娱乐（Entertainment）、音乐与游戏（Music & Games）、经济（Finance）、食物与饮料（Food & Drink）、健康（Health）、家居与园艺（Home & Garden）、工业商品与服务（Industrial Goods & Services）、政治与政府（Politics & Government）、宗教与信仰（Religion & Belief Systems）、科学与数学（Science & Mathematics）、社会科学（Social Science）、体育（Sports）、电子技术（Technology & Eletrionic）、旅游（Travel）、工作（Work）、色情（Adult & Sex）以及无法定义（Undefined）。以上的类别体系是从 ODP（Open Directory Project），Yahoo！以及 Wikipedia 中抽取得到。面向主题的查询意图类不仅能根据主题更好地组织网页，而且也为面向领域的垂直搜索引擎提供帮助。

3）权威性（Authority Sensitivity）。

该维度用于判断某查询是否检索权威的网页或者答案（Nguyen et al.，2007）。比如，查询“武汉大学主页”，需要获得权威性网页。其中，Broder 的分类体系中，导航类查询一般是想获得权威信息。针对该维度，搜索引擎能对网页进行选择，并将权威性网页返回给用户。

4）地理敏感性（Spatial Sensitivity）。

该维度用户判断用户想获取信息是否与特定地理位置相关（如查询“鲜花店 武汉”），或者想获得查询中未提到的地理位置，但是该地理位置能从查询词中推断出来，如查询“最近的饭店”。该维度包含“是”与“否”两值。

5）时间敏感性（Time Sensitivity）。

该维度提出是基于如下事实，相同查询在不同时间点的相关查询结果不同，如查询“美国总统大选”与查询“美国总统大选 2012”。

6）任务（Task）。

该维度是指用户查询中所包含的主要信息需求。其中，信息类查询表明用户想从网上不同资源中获取相关信息。“非信息类”查询是指用户性获取相关服务或者从事相关事务，例如购买、下载或者定制服务等。“模糊类”查询中所包含的任务具有模糊性，不能进行有效判断，如查询“削皮”。

7）目标（Objective）。

判断用户提交某查询的目标是想执行一些行为还是想获得某资源。其中，此处资源为以 HTML、PDF 文档、音频以及视频表示的相关信息，如查询“徐志摩诗集”。而行为主要包括填写表格或者发送邮件等，如查询“QQ 2013 下载”“Yahoo！邮箱登陆”。

8）专指性（Specificity）。

该维度表示查询对所获取信息的专指度的限定，一般分为专指、中度以及泛指三种情况。若某查询中包含姓名、日期、地名或者 URL 等，可认为该查询具有专指性，如查询“SIGIR 2009”“Windows media player 6.4”；中度相对于专指性较宽泛一些，如查询“私立大学”。而泛指查询较中度查询更为宽泛，如查询“大学”“地图”。

9）广度（Scope）。

该维度主要是想获得某查询是否包含多义词。取值为是与否。当该查询具有广度时，说明用户提交了包含不同意图的查询来获取某一信息，如查询“AI”，则搜索引擎应该从返回结果中尽可能包含该多义查询的不同分面，以便用户能从中选择与自己需求相关的信息。

2.3 查询意图分类体系

2.3.1 基于Broder研究的分类体系

IBM研究员Broder于2002年提出将查询意图分为信息类、导航类和事务类，该分类体系已基本得到产业界和业界的认可。Rose等（Rose et al.，2004）认为Broder分类体系中的“事务类”不足以概括网上的所有资源，提出“资源类”将其取代，并且指出“资源类”不再局限于一般的Web活动，而是包括网页上课获取的任何资源（而非信息类），在此基础上，提出了更加细致的层次结构，参见表2—3。

表2—3 查询意图层级类目情况

类别层次	查询示例
第一层级	
(I) 信息类：获得理应在一个或者多个网页上的信息 (N) 导航类：到达某一个特定的URL (T) 事务类：获得网页上的相关资源或者服务	“儿童劳动法” “武汉大学主页” “七里香.mp3下载”
第二层级	
(I，D) 有指导性的（Directed）：用户想知道关于某个话题的特定的信息 (I，U) 无指导性的（Undirected）：用户想了解关于一个话题的任何信息 (I，L) 列表（List）：用户想得到一组可信的站点或者页面的列表 (I，A) 建议（Advice）：用户想得到一些建议、指南或其他方面的指导 (T，O) 获取（Obtain）：用户想得到一个不必通过电脑才能使用的资源 (T，D) 下载（Download）：用户想把某个资源下载到本地或者其他的设备上 (T，E) 娱乐（Entertainment）：用户想查看网页上的娱乐信息 (T，I) 交互（Interact）：用户想用网站上的另一个程序或者服务与资源进行交互 (T，R) 结果页（Result page）：用户从搜索引擎结果页中打印、保存或阅读资源	“如何注册域名” “刘德华” “北京哪些优化公式服务好” “如何减肥” 比如：查找到一份表格后，打印出来填写后邮寄出去 “刘德华歌曲 下载” “浏览图片” “订阅网上报刊” （用户想要获取的资源就在结果页中，而不需浏览其他网页）

续表2－3

类别层次	查询示例
第三层级	
（L，D，C）确定的（Closed）：用户想找到有关某个问题的唯一没有歧义的答案	“2013年中国排名前5的高校”
（L，D，O）开放的（Open）：用户想了解一个开放式或者深度上不受限制的问题	“蛛形纲动物的排泄系统”
（T，O，O）在线的（Online）：用户想在线获取资源	“航空公司座位图”
（T，D，O）脱机的（Off-line）：用户执行额外操作脱机获取资源	“全金属炼金术士壁纸”
（T，D，F）免费的（Free）：所下载资源无需付费（T，D，N）付费的（Not free）：所下载资源可能需要付费	“免费游戏下载” “Family guy episode”下载
（T，R，L）链接（Links）：用户查找的资源出现在搜索引擎一个或者多个结果页的标题、摘要或链接中	（比如：用户通过输入会议论文名以此来定位相关页码，而这些信息一般出现在一个或者多个网页中）
（T，R，O）其他（Other）：用户查找的资源不出现在结果页中，而出现结果页的其他地方	（比如：一些用户输入查询目的不是获得相关结果列表，而是想对查询词进行拼写检查）

另外，Baeza Yates等（Baeza Yates et al.，2006）在Broder等提出的分类标准的基础上，认为查询意图可以分为以下三类：

（1）信息类（Informational）：用户想获取Web上的信息，无论这些信息属于哪个领域。（2）非信息类（Not Informational）：用户想查找除了信息外的其他资源或者食物。（3）歧义类（Ambiguous）：不能从查询本身推断出意图的哪些查询。

其中，Baeza Yates等提出的分类体系中，信息类与Broder提出的信息类没多大差别，而非信息类包含Broder中的事务类和导航类的大部分，且将具有歧义性的查询单独作为一类。

不同研究工作中所统计出的三大意图类别比值参见表2－4。表格中数据说明了不同的研究者采用不同方法、数据集以及在不同时间所测量出的信息类、导航类和事务类查询的各比值不一样。其中，Broder（2002[a]）实验中三意图类别的比值之和大于1，主要原因在于，标注者在进行标注时将某些查询归入了不止一个意图类别中。Rose等（Rose et al.，2004[b]）实验结果中，未给出每个意图类别比值的准确值，其原因在于，研究者是从三个不同研究中搜集数据而得到每个意图类别比值的大致区间范围。

表 2—4　不同研究工作中所统计出的三大意图类别比值

研究	数据来源	分析的查询数	方法	信息类	导航类	事务类
Broder(Broder, 2002),2002[a]	AltaVista 查询日志	3190	用户调研	39%	24.5%	36%
Broder,2002	AltaVista 查询日志	1000	人工分类；日志分析	48%	20%	30%
Rose&Levinson (Rose,2004), 2004[b]	AltaVista 查询日志	1500	人工分类以及用户点击的结果页	61%～63%	11%～15%	21%～27%
Lewabdiwski (Lewandowski, 2006),2006	三个不同的德国搜索引擎查询日志	1500 (3×500)	人工分类	45%	40%	15%
Baeza-Yates 等 (Baeza Yates et al.,2006),2006	TodoCL 查询日志	6042	分工分类	62%	未获取到	未获取到

2.3.2　面向内容的分类体系

基于如下事实，用户头脑中都通常通过“动词+名词”形式来表达其信息需求，比如“购买彩票”“下载电影”等，则面向内容的查询分类首先假设查询词语检索结果之间是相关联的，再通过分析查询词的返回内容来挖掘用户的意图。如 He 等（He et al.，2007）假设查询词的意图隐含在检索结果内容中，如查询词“汽车”，检索结果包含“清洗”“购买”“销售”等，这些词从某些角度包含了用户可能的意图。此类方法是一种基于检索结果分析查询意图的方法，该方法优点在于，不需设定静态的分类体系，而是通过采用扩展与查询词相关动词，即利用“动词+名词”组合的形式来表示用户意图。另外，Zhang 等（Zhang et al.，2013）尝试与初始查询共现与同一 Session 中的重构查询来识别用户意图，并将其识别结果进行了聚类。

2.4　搜索引擎的发展历程

搜索引擎（Search Engine）是指根据一定的策略、运用特定的计算机程序搜索互联网上的信息，对信息进行组织和处理后，将处理后的信息显示给用户，且为用户提供检索服务的系统。在互联网快速发展的今天，搜索引擎已经成为人们日常生活所必不可少的工具。

传统的信息检索模型假设“信息需求”促使用户从事某检索行为。用户信息需求经编码后，以查询表达式的形式提交给用户以此来获得相关信息。在过去几十年里，根据能处理的查询类别，搜索引擎的发展主要分为以下几个主要阶段：

（1）1995—1997 年。即第一代搜索引擎阶段，此类搜索引擎只能处理文本与格式化数据，且采用最传统的检索排序算法。另外，此类搜索引擎只支持信息类查询的检索。此类搜索引擎主要集中在当时的 AltaVista、Excite 等。

（2）1998—1999 年。即第二代搜索引擎阶段，此类搜索引擎逐步将点击信息、锚文本和链接信息融合到检索排序中。此时的搜索引擎能支持信息类和导航类查询的检索。

（3）2000 年之后，即从第三代搜索引擎开始，尝试将不同资源的数据融合到检索中，以此满足“查询背后的信息需求”。第三代搜索引擎超越了固定数据集的限制，能支持语义分析、用户情景分析以及动态数据集。另外，此类搜索引擎能支持信息类、导航类和事务类查询的检索。

3 查询意图自动分类的方法改进探讨

3.1 引言

随着互联网的蓬勃发展，以 Google、百度和 Bing 等为代表的搜索引擎成为辅助人们快速获取信息的主要工具。当前的搜索引擎主要采用基于关键词匹配的技术以及网页链接算法（Kleinberg et al.，1999）为用户返回所需信息。但用户提交的查询一般较短，且自然语言存在模糊性，无法清晰地表达用户意图，使得搜索引擎无法很好地满足用户需求。基于此，识别用户查询关键词所包含的意图（用户的信息需求、查询目标和查询动机等）是优化搜索引擎、提高查询结果满意度的关键（Nguyen，2004；陆伟等，2013；张晓娟，2014）。综合已有研究，查询意图分类主要包括数据标注、特征提取和分类方法研究三个方面（陆伟等，2013）。

1）查询意图数据标注。

Broder 等（Broder et al.，2002）通过对用户查询及 AltaVista 日志进行分析研究，将用户查询意图分为三类：信息类（I）、导航类（N）与事务类（T）。其中信息类指用户在互联网上获取的信息，无其他交互操作；导航类指用户的目的为查找某个特定的网址；事务类指用户想通过查询获取互联网上的一些资源或服务。Rose 等（Rose et al.，2004）认为 Broder 等提出的事务类无法包含互联网上的所有资源，所以提出了资源类（R）取而代之。资源类包括互联网上除信息类外可获取的任何资源。Segev 等（Segev et al.，2010）采用开放式分类目录（Open Directory Project，ODP）作为主题标签，建立查询类别。张晓娟（张晓娟，2014）选定 Rose 等的类目体系，主要靠人工标注的方法获取实验数据，但是这种方法成本很高，而且可获得的数量很少。宋巍（宋巍，2013）采用网页分类目录资源，利用本体匹配的方法对查询日志数据进行自动标注，但是其结果过度依赖于分类目录资源，故泛化能力较差。

2）查询意图特征提取。

张森等（张森等，2008）认为，特征提取的研究工作主要解决如何从用户简单的查询中获取充分和明确的特征，以此来识别查询意图。其中包括基于查询表达式的特征提取：查询词本身包含的词义（Rose et al.，2004）、词性（Duan et al.，2010）、词长（张森等，2008）和根据在语料库中的统计信息来识别查询中的潜在意图，使用各类查询的一组启发式特征来区分查询（Jansen et al.，2007），以及时间和地理等特征来表示查询；基于用户行为的特征提取：用户行为是用户对检索结果反馈的行为，是用户目标的显示表达，主要包括用户交互行为、用户点击行为和语境变化等，如 Liu 等（Liu et al.，2006）提出利用点击相关的相互点击意图（Mutual Click Intent，MCI）和点击意图排序（Click Intent Rank，CIR）等作为特征；隐含语义特征：Mendoza 等（Mendoza et al.，2009）基于用户日志利用 PLSA 提取查询的隐含主题表达作为特征。然而，由于查询一般以自然语言显示，其语义特征还可由自然语言处理工具进行深入挖掘。

3）查询意图分类方法。

Liu 等（Liu et al.，2006）和 Kanhabua 等（Kanhabua et al.，2015）使用典型的决策树算法执行分类任务；Ji 等（Ji et al.，2010）通过用户浏览行为的动态数据来预测用户的查询意图；Hu 等（Hu et al.，2009）通过把查询映射到维基百科的现象空间以识别查询意图；Feng 等（Feng et al.，2015）利用 ODP 和用户查询日志构建用户兴趣模型。高景斌（高景斌，2012）和张杨浩（张杨浩，2016）等利用线性分类模型支持向量机（Support Vector Machine，SVM）（Yu，2009）对查询意图进行分类。SVM 是对逻辑回归（Hilbe，2016）的一种优化，通过寻求结构化风险最小来提高学习机泛化能力，实现经验风险和置信范围的最小化，从而达到在统计样本量较少的情况下，亦能获得良好统计规律的目的。GBDT（Friedman，2000；Friedman，2002；Johnson et al.，2014）作为集成学习算法，通过将弱分类器融合来提升分类器的性能。相比于线性分类器参数调优困难的局限性，GBDT 可以快速提高模型性能，并在一定程度上避免模型过拟合问题。

综合已有研究发现，当前查询意图自动分类研究中存在如下局限：(1) 大多采用人工来标记数据集。受时间和精力限制，人工标注数据集规模有限，故对分类模型来说，可获得的训练数据规模也就较小，从而影响了最终训练所得分类器的自动分类准确度；(2) 在选取查询分类特征时，较少考虑查询本身包含的丰富语义特征，如查询词、词性特征以及查询中词间依存关系等；(3) 查询意图自动分类主要依赖线性机器学习模型，需要对不同的度量标准和调优参数做大量的研究和实验。基于此，本书尝试分别从数据集标注、特征选取和分类器三方面利用新方法来解决查询意图分类研究中存在的问题，主要贡献如下：（1）提出一种对查询日志数据集进行自动标注的规则；（2）利用 LTP（Che et al.，2010）工具提取查询的句法依赖关系特征；（3）将集成学习模型梯度提升树（Gradient Boost Decision Tree，GBDT）（Friedman，2000；Friedman，2002；Johnson et al.，2014）应用到分类模型训练中。

3.2 查询意图自动分类方法

本节主要介绍本书在构建标注集、提取分类特征和自动分类方法中所采用的新方法。

3.2.1 构建标注规则

本书主要将 ODP 主题类目体系映射到 Rose 等的意图类目体系，利用启发式和匹配的方法形成标注规则，对查询日志数据进行自动标注。其中，ODP 是由人工对互联网中出现的各类中文站点进行的总结分类。其将网络中出现的 URL 总结为 14 个主题，每个主题都包含相应的 URL，用＜url，topic＞表示二者间的对应关系，整个 ODP 数据集可以表示为：ODP=｛＜url_1，$topic_1$＞，＜url_2，$topic_2$＞，…，＜url_M，$topic_M$＞｝，其中，ODP 的主题类目体系见表 3-1。其中，Rose 的查询意图类目体系、相关解释与例子参见表 3-2。

表 3-1 ODP 主题类目体系

主题	数量	主题	数量
休闲	529	新闻	552
体育	244	游戏	576
健康	750	社会	1557
儿童	240	科学	923
参考	2220	艺术	960
商业	5600	计算机	1639
家庭	114	购物	430

表 3-2　Rose 的查询意图类目体系、相关解释与例子

层级	解释	例子
(N) 导航类 (Navigation)	用户为了获得一个明确的网址	公司、学校等的主页
(I) 信息类 (Information)	用户为了获得数据或信息	某条法律条款的解释
(R) 资源类 (Resource)	用户为了获得有用的资源	购买物品、游戏等
(N. T) 事务类导航 (Navigation to Transactional)	用户用来处理事务的导航网址	match. com
(N. I) 信息类导航 (Navigation to Information)	用户用来获取信息的网址	Yahoo. com
(I. D) 有指导性的 (Directed)	用户为了获取某个特定问题的答案	哈尔滨市的邮编
(I. U) 无指导性的 (Undirected)	用户为了获取一个主题的所有信息	2016 年新出电视剧的信息
(I. F) 发现 (Find)	用户为了获得一个产品或者服务的具体位置	哈尔滨中央大街的位置
(I. L) 列表 (List)	用户为了获得一组可信的站点列表	电子商务网站有哪些
(I. A) 建议 (Advice)	用户为了获得某个主题的建议、观点和指南等	如何高效率地学习
(R. O) 获取 (Obtain)	用户为了获得一个明确的资源或项目	某首歌的歌词
(R. D) 下载 (Download)	用户为了把某个资源下载到本地	电影、音乐、小说和论文等的下载
(R. E) 娱乐 (Entertainment)	用户可以在网页上进行的娱乐活动	游戏、聊天等
(R. I) 交互 (Interact)	用户与网络上的程序或者资源进行交互	在淘宝网上购买商品
(I. D. C) 确定的 (Closed)	用户为了获得一个问题的无歧义回答	宪法的第三条
(I. D. O) 开放的 (Opened)	用户为了获得两个或更多个的信息	人类的免疫系统
(R. O. O) 在线的 (Online)	用户需要在线获取	火车票的余票信息
(R. O. F) 离线的 (Off-line)	用户可以离线获得资源	—

将日志数据中的 URL 映射到 Rose 意图类目体系的具体过程为：笔者通过对 Rose 意图类目体系的分析发现，导航类的标注规则被确定为“仅包含类似‘www. baidu. com’这样以‘www. ’开头，以‘. com/. cn/. org’等结尾的 URL 所对应的查询都属于导航类”；对于资源类，结合以下两种方法生成资源类的标注规则：（1）启发式方法：通过人为对 URL 归纳，发现如果 URL 中含有“download”，“game”，“movie”，“music”和“book”等关键词的一般为资源类 URL，即其对应的用户查询属于资源类。（2）匹配的方法：通过分析，ODP 主题中属于休闲、商业、游戏、计算机和购物的 URL 属于资源类。所以将 ODP 中相应的 URL 提取出来，去除“http://www. ”，构建匹配列表。如果用户点击的 URL 可以匹配到该列表，则该 URL 对应的查询为资源类；结合以上分析以及 Rose 的意图类目体系，信息类的标注规则为若用户点击的 URL 所对应的用户意图不属于导航类和资源类，则属于信息类，具体如图 3－1 所示。

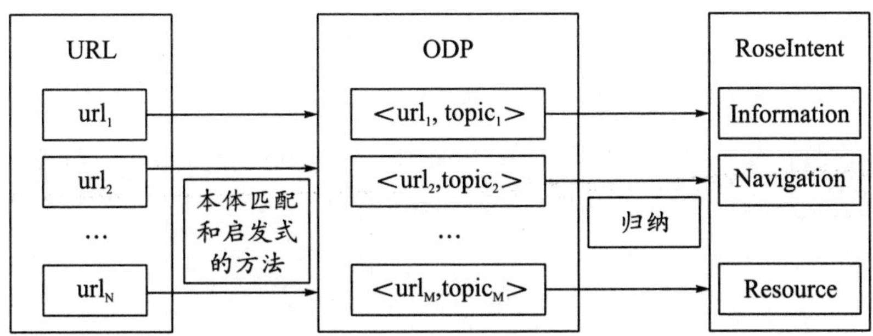

图 3－1　日志数据中 URL 与 Rose 意图类目体系之间的映射关系

3.2.2　特征提取

特征提取为用户查询意图分类的关键。本书在选取查询词的统计特征（查询所包含的字长和查询所包含的词长）与用户行为特征（用户点击 URL 的排名和用户最终点击的次数）的基础上，重点考虑查询中的语义特征。

本书将利用哈尔滨工业大学开发的 LTP 提取以下三方面的语义特征集合。（1）查询分词特征：对查询进行中文分词，即将汉字序列切分成词序列，以介于汉字和句子之间的粒度对查询进行表示。如对于查询“年轻人住房问题”可以分词为“年轻人”、“住房”和“问题”。（2）查询词性特征：词性作为对词的一种泛化，在语音识别、句法分析和信息抽取等任务中有重要作用。本书对每个查询的分词结果进行词性标注，并将词性作为查询特征。如查询“年轻人住房问题”分词的词性特征为“*n*”、“*n*”和“*n*”。（3）查询句法依存关系特征征：通过分析语言单位成分之间的依存关系，揭示其句法结构特征。如查询“年轻人住房问题”中存在的句法依存关系有：“ATT”、“ATT”和“HED”，其中“ATT”表示“年轻人”修饰“住房”的定中关系，第二个“ATT”表示“住房”修饰“问题”的定中关系，“HED”表示“问题”为整个句子的核心。

在提取语义特征集合之后，本书利用用词袋模型对所有的分词集合、词性集合和词之间的句法依存关系集合进行表示。考虑到特征词之间的重要性随其在该查询中出现的次数增加，但同时会随其在整个查询集合中出现的查询频次而减少，本书引入 TF-IDF（Term Frequency Inverse Document Frequency）对每个特征值进行加权，TF 表示该特征词在这个查询中出现的频次，具体计算方法参见公式（1）：

$$TF_{i,j} = \frac{n_{i,j}}{\sum_{k} n_{k,j}} \tag{1}$$

其中，$n_{i,j}$ 是该特征在查询中的出现次数，而 $\sum_{k} n_{k,j}$ 则是在查询中所有特征词出现的次数；*IDF* 表示该特征词在查询集合中出现的查询频次。具体计算方法参见公式（2）：

$$IDF_i = \log \frac{|D|}{1 + |\{d \in D : t \in d\}|} \tag{2}$$

其中，$|D|$ 表示查询集合中的查询总数；$1 + |\{d \in D : t \in d\}|$ 表示查询集合中出现该特征词的查询数。*TF-IDF* 表示 *TF* 值与 *IDF* 的乘积，具体计算见公式（3）：

$$TF\text{-}IDF_{i,j} = TF_{i,j} \times IDF_i \tag{3}$$

3.2.3 分类器构造

在 3.1 节标注规则得到的数据集和 3.2 节提出的特征集合的基础上，本书将使用集成学习模型中的 GBDT（Friedman，2000；Friedman，2002；Johnson et al.，2014）作为分类器对查询意图进行分类研究。其中，GBDT 由多棵决策树组成，通过投票的方式将所有树的结论累加起来作为最终的答案。原始的提升算法（Boost）在算法开始时，为数据集中的每个样本赋一个权值。每一次迭代都对算法决策的准确性进行验证，增加其中错误样本的权重，减少正确样本的权重。进行 *H* 次迭代后，将会得到 *H* 个简单的分类器，然后我们将它们通过投票的方式集合起来，得到最终的模型。

Gradient Boost 与 Boost 的区别是：每一次迭代的目的是减少出现的错误，而不是对正确预测样本和错误预测的样本进行加权。通过在误差减少的梯度方向上建立一个新的模型，以迅速得到最优的模型。GBDT 作为集成模型，相比于线性模型，优化速度更快，泛化能力更强。

3.3 实验构建

3.3.1 实验数据

本节采用搜狗实验室提供的查询日志数据（Liu et al.，2006）进行实验，数据样本格式见表 3−3，从左到右分别表示访问时间（Time）、用户匿名 ID（User Id）、查询词（Query）、该 URL 在返回结果中的排名与用户点击的顺序号（Result Click）和用户点击的 URL。本节使用 Graphlab Create 包中的 SFrame 工具对数据进行读取和初步统计分析，再将数据集随机分为训练集（Training Data，60%）、验证集（Validation Data，20%）和测试集（Test Data，20%）。其中，训练集用来训练分类模型，验证集用来选择最优的分类模型参数，测试集用来评估分类模型的性能。最后基于以上三个数据集，进行分类器的训练和评估。

表 3−3 Sogou 查询日志样本格式

Time	User Id	Query	Result Click	Url
00:00:00	2982199073774412	360 安全卫士	8. 3	download. it. com. cn/softweb/software/firewall/antivirus/20067/17938. html
00:00:00	07594220010824798	哄抢救灾物资	1. 1	news. 21cn. com/social/daqian/2008/05/29/4777194_1. shtml
00:00:00	5228056822071097	75810 部队	14. 5	www. greatoo. com/greatoo_cn/list. asp? link _ id = 276&title =%BE%DE%C2%D6%D0%C2%CE%C5
00:00:00	6140463203615646	绳艺	62. 36	www. jd-cd. com/jd _ opus/xx/200607/706. html

ODP 为人工对互联网中出现的各种中文站点进行总结分类的结果，本节通过网络爬虫程序自动获得 ODP 主题类目数据，且所获得数据集的格式见表

3-4。其中，Url 表示网络中出现的 URL 主页部分，Name 表示 URL 代表的网站的名称，Label 表示 ODP 主题类目的二级主题（二级主题较多，具体参见网址：http://www.dmoz.org/World/Chinese_Simplified/）。

表 3-4　ODP 数据的相关信息

Url	Name	Label
http://news.jmu.edu.cn/	集美大学新闻网	大专院校
http://jjxj.swufe.edu.cn/	经济学家	出版物
http://www.jsacd.gov.cn/	江苏省农业资源开发局	江苏
http://www.yndaily.com/	云南日报网	地区
http://www.panda.org.cn/	成都大熊猫繁育研究基地	熊猫

3.3.2　标注数据集

在获得用户查询日志数据和 ODP 数据的基础之上，本节随机选取查询日志中的 1 万条数据进行实验。基于 3.1 节提出的标注规则，本节首先通过启发式的方法，构建启发式列表 [download，book，read，music，movie，software]，然后将 ODP 主题中的休闲、商业、游戏、计算机和购物等主题所包含的二级主题对应的 URL 映射到匹配列表中，具体如图 3-2 所示。

图 3-2　资源类的二级主题

将上述启发式列表和匹配列表结合起来后可得到资源列表，其列表的部分信息为："download，book，read，music，movie，software，52384.com，map.baidu.com，htffund.com，…"被标注数据集的 Label 比例如图 3-3 所示，结果显示：使用标注规则自动标注的数据集和人工标注的数据集（张晓娟，2014）相比，Label 比例基本一致，但使用标注规则的好处在于可以迅速获得大量被标注的数据集。基于 ODP 的最终数据集标注结果如图 3-3 所示。

Value	Count	Percent
Information	6684	66.84%
Resource	2099	20.99%
Navigation	1217	12.17%

图 3－3　基于 ODP 的最终数据集标注结果

3.3.3　基准实验

为了与线性分类模型的效果进行有效对比，本节选择逻辑回归（Logistic Regression，LR）和支持向量机（Support Vector Machine，SVM）作为基准分类器（Baseline）。其中，在使用逻辑回归时，本节利用随机梯度下降作为优化器训练模型，并加入 L1 和 L2 规则来防止过拟合；在使用支持向量机时，使用 RBF 核函数。

3.3.4　实验分析

对于逻辑回归方法，本节首先通过验证集 Validation Set 选择最优的使用 L1 规则的惩罚 L1 penalty 和使用 L2 规则的惩罚 L2 penalty；再使用得到的最优超参数，分别比较不同的特征选择对结果的影响，得到 Model1（使用 3.2 所述的所有特征）和 Model2（不使用词之间的句法依存关系特征）；最后，通过比较测试集，得到模型的平均准确率、精准率、召回率和 F1 值。需指明的是，本书首先训练 Model1，且在训练该模型时，为了选择最优的 L2 penalty，先保持 L1 penalty＝0 不变，令 L2 penalty 在 0～5 之间以适当的间隔选择 15 个有代表性的值进行实验，结果如图 3－4 所示；再令 L2 penalty＝1.65 不变，使 L1 penalty 从 0～100 之间选择适当间隔的 15 个值进行实验，其实验结果如图 3－5 所示。图 3－4 实验结果表明，当 L1 penalty＝0 和 L2 penalty＝1.65 时，获得最优的分类器，此时的平均准确率为 0.6815；图 3－5 的实验结果表明：L1 penalty＝10，L2 penalty＝1.65 时，获得最优的平均准确率为 0.6879。

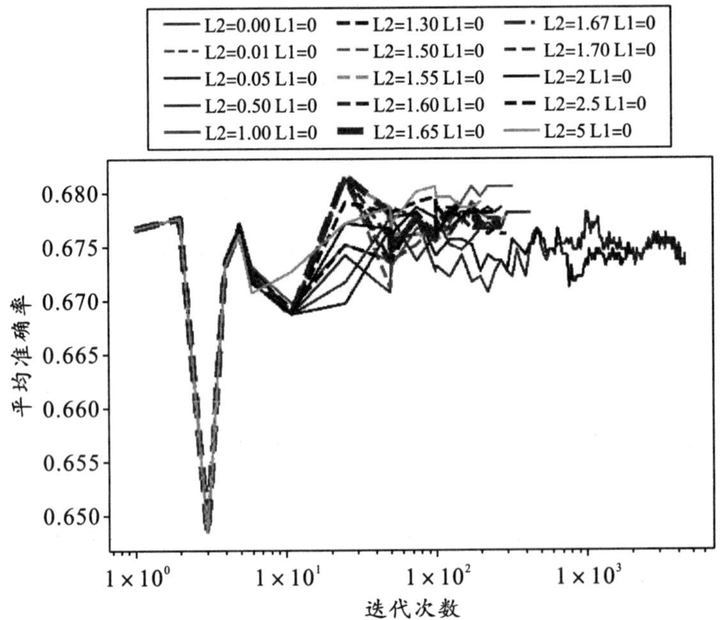

图 3－4　L2 _ penalty 对查询意图分类平均准确率的影响

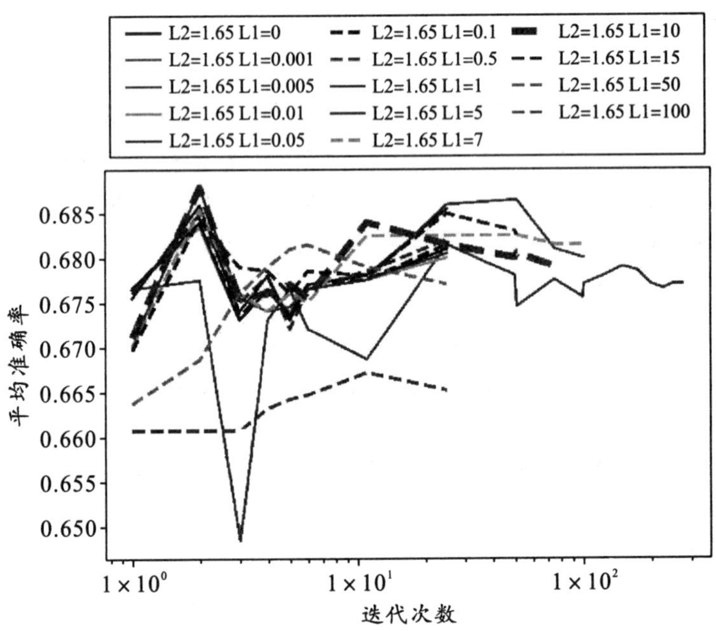

图 3－5　L1 _ penalty 对查询意图分类平均准确率的影响

在训练 Model2 时，使用与 Model1 相同的 L1 Penalty 和 L2 penalty，但不考虑词之间的句法依赖关系特征，再使用测试集分别得到两个模型的各个指标［平均准确率（Accuracy）、精准率（Precision）、召回率（Recall）和 F1 值（F1 score)］，其对比的实验结果如图 3－6 所示。可以看出，当使用逻辑回归作为分类模型时，利用 LTP 充分提取查询的语义特征，可以提高查询意图的分类准确率。

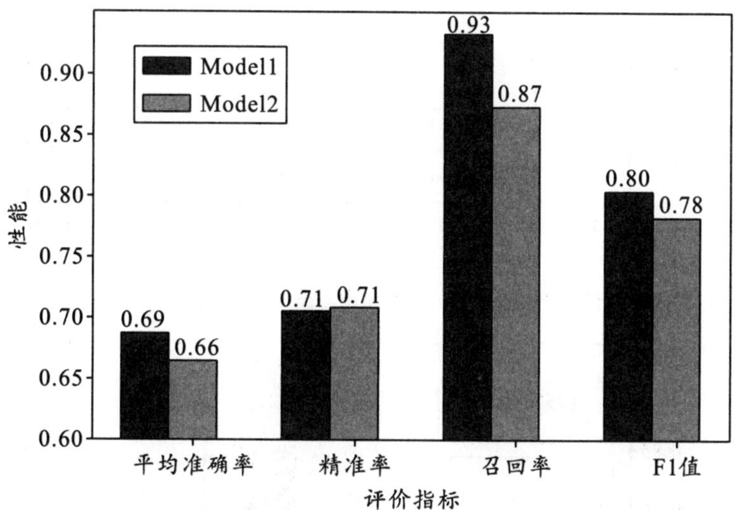

图 3－6　LR 中 Model1 和 Model2 的查询意图分类性能比较

支持向量机与逻辑回归的训练相同，本节首先找到最优的防止过拟合的惩罚参数 Penalty，然后分别训练 Model1 和 Model2，并比较这两个模型的优劣。本书先训练 Model1（选择不同的惩罚参数 Penalty），然后比较平均准确率，结果如图 3－7 所示。实验表明，不同的 Penalty 对性能的影响基本一致，故本节采取默认的 Penalty＝1，并进一步对 Model1 和 Model2 的结果进行对比，其结果表明充分提取语义特征的分类器明显优于另一个分类器，如图 3－8 所示。

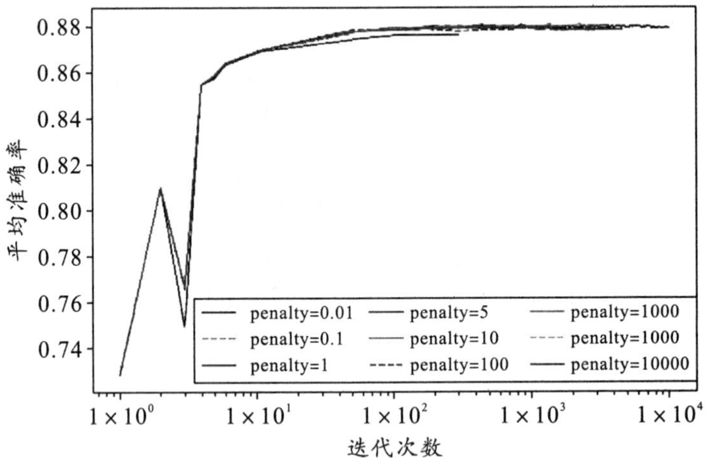

图 3-7　不同 penalty 对查询意图分类平均准确率的影响

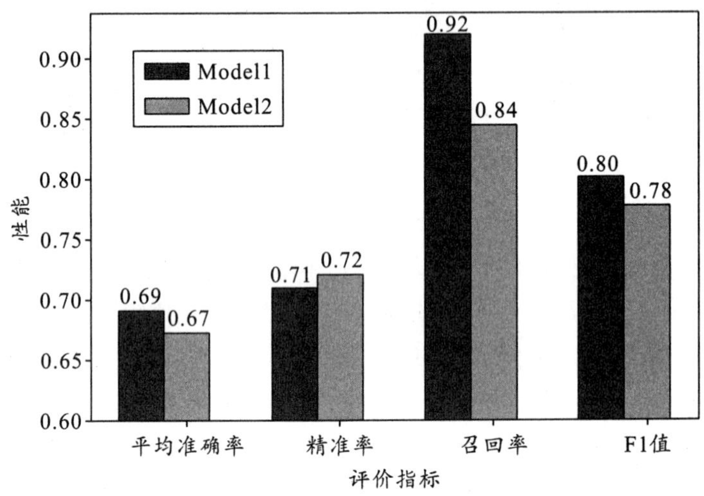

图 3-8　SVM 中 Model1 和 Model2 的查询意图自动分类性能比较

本节将 LR 和 SVM 这两个线性分类模型的结果作为 Baseline 与集成分类模型 GBDT 进行对比。对于 GBDT，同以上两个分类器（LR 和 SVM），本书首先训练 Model1 以确定最优的超参数：首先令每次迭代的学习率（Step Size）= 0.3 不变，改变树的最大深度（Max Depth），其实验结果如图 3-9 所示；再令 Max Depth=20 不变，改变迭代的步长，其实验结果如图 3-10 所示。图 3-9 与图 3-10 的实验表明，当 Max Depth=20，Step Size=0.3 时，获得最优的平均准确率。然后，本节再使用同样的超参数，通过提取不同特征来训练 Model2，以此比较不同的特征提取对查询意图分类性能的影响，其实验结果如图 3-11 所示。其实验表明，充分提取语义特征的分类器明显优于不使用词之间的句法依存关系特征的分类器。

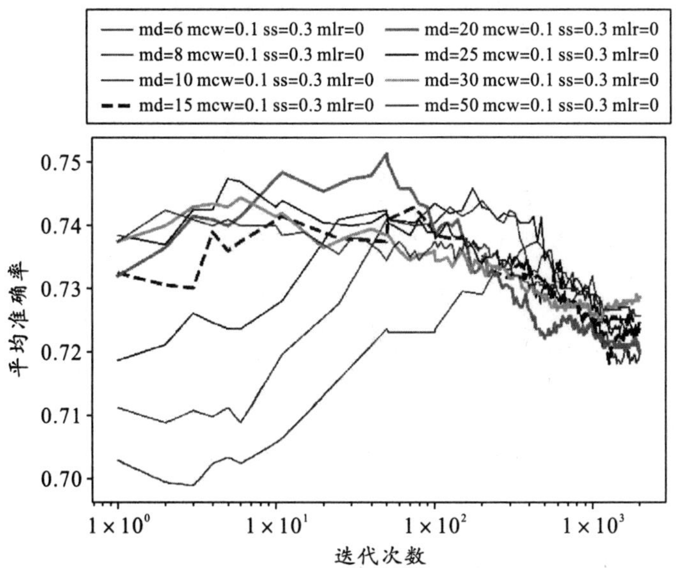

图 3－9　不同 max depth 对查询意图分类平均准确率的影响

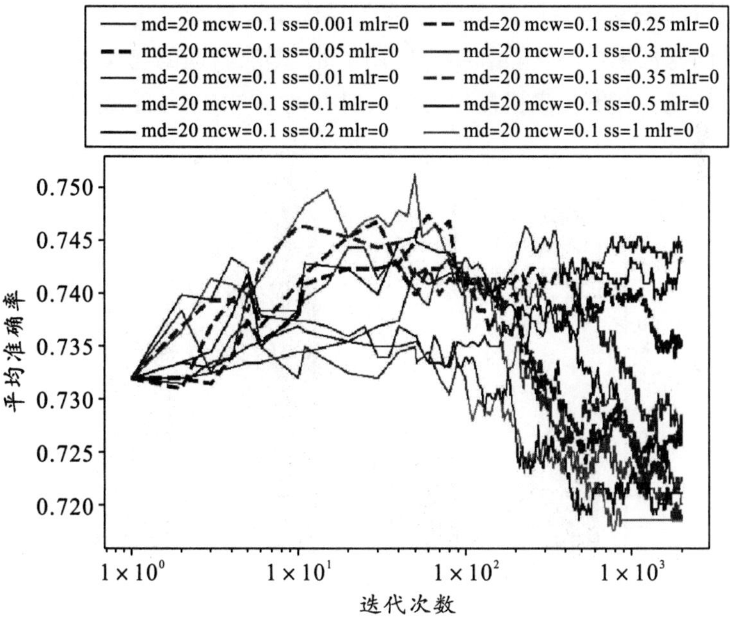

图 3－10　不同 step size 对查询意图分类平均准确率的影响

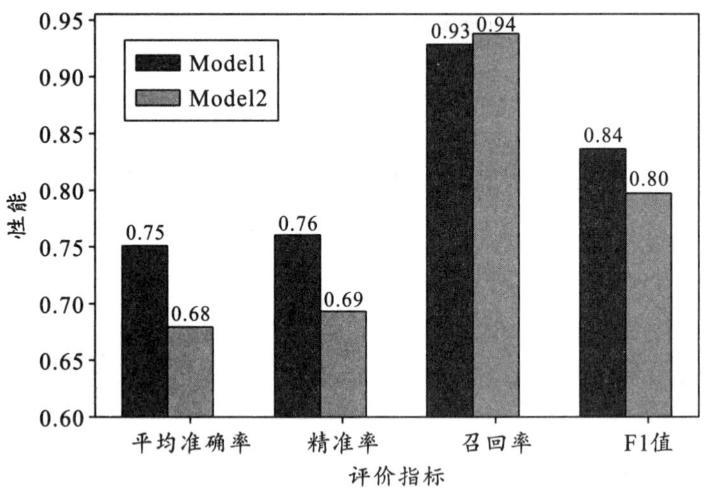

图 3-11　GBDT 中 Model1 和 Model2 的查询意图分类性能比较

本节再分别从平均准确率（Accuracy）、精准率（Precision）、召回率（Recall）和 F1 值（F1 Score）比较线性分类模型（LR 和 SVM）与集成分类模型 GBDT 的性能差异，结果如图 3-12 所示。实验结果表明，使用集成学习模型 GBDT 对查询意图分类的性能明显优于线性分类模型；另由三个分类器使用不同特征集合的实验表明，使用 LTP 提取查询的句法依赖关系作为查询的语义特征，能够提高机器学习算法对查询意图的分类准确率。

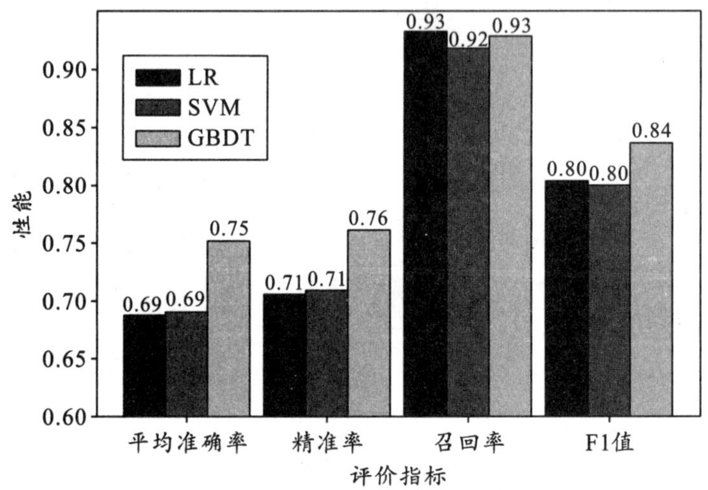

图 3-12　线性分类器和 GBDT 的查询意图分类性能比较

3.4　研究小结

本书尝试在查询意图自动分类中的标注集构建、特征选择以及自动分类方法中采用新方法。主要研究工作包括以下三个方面：（1）基于 Rose 等提出的意图类目体系，结合 ODP 主题类目数据，使用启发式的方法和匹配的方法形成标注规则，对数据集进行标注；（2）从查询的语义特征、统计特征和用户行为特征三个方面进行特征提取，主要利用 LTP 工具提取查询的句法依赖关系特征作为语义特征；（3）使用集成学习模型 GBDT 作为分类器对查询意图进行分类。最终实验结果表明：（1）通过对标注好的数据集的标签进行统计，发现标签比例和人工标注的标签比例基本一致。使用本书的标注规则的好处在于可以迅速地获得大量标注好的训练数据；（2）使用本书提出的特征集合所训练的分类器对查询意图的分类效率明显优于不使用词之间的句法依赖关系特征的分类器；（3）实验表明使用集成学习模型的 GBDT 对查询意图的分类效率明显优于线性分类器。本书方法虽取得了较好的实验结果，但研究中仍存在一些不足之处，这也是笔者后续工作中将要继续深入研究的内容：（1）由于 ODP 数据收录网页数量的局限性，本书所提的标注规则仍有待优化；（2）将会在其他查询日志数据上进一步验证本书方法；（3）考虑利用词向量和递归神经网络提取查询的深度语义特征，以此提高查询的分类效率。

4 查询歧义性程度自动标注指标的替代性验证研究

4.1 引言

查询是用户需求的文字表达，通常由多个关键词组成。然而，搜索引擎允许输入的查询关键词个数有限制，用户提交的查询较为简短，容易产生歧义。以“mustang”（野马）与查询“travel”（旅行）为例，前者可指代多个不同的事物（如车或动物），后者虽然指代一个明确的事物，但是仍可指代关于该明确事物的多个方面（如旅游注意事项、旅游景点推荐或者旅行社等）。为了提升歧义性查询的检索性能，一方面，部分研究从用户角度入手，分析用户查询意图中的歧义属性（Calderón-Benavides et al.，2010；Nguyen et al.，2007；González-Caro et al.，2011）以及查询的歧义性对用户使用检索系统的影响（Clough et al.，2009；Aurelio et al.，2002）；另一方面，部分研究从技术实现角度入手，利用查询自动分类（Query Classification）识别具有歧义性的查询（González-Caro et al.，2011；Baeza-Yates et al.，2006；Mendoza et al.，2008；Wang et al.，2010；Song et al.，2007；Song et al.，2009；Song et al.，2010；Pradhan et al.，2015），再利用信息挖掘技术消除查询歧义的程度（Lioma et al.，2008；Lioma et al.，2009），最后结合多样化检索技术（Diversity Search）优化歧义性查询的检索结果列表（Welch et al.，2011；Santos et al.，2011；Ashkan et al.，2011；Zhou et al.，2013）。由此可见，识别查询歧义性程度是上述研究展开的基础。

当前查询歧义性程度识别研究大多转化为查询自动分类问题，即基于机器学习思想，首先根据查询的歧义性程度构建查询分类体系，例如 Baeza-Yates 等的分类体系（Baeza-Yates et al.，2006）：信息类查询、非信息类查询与模糊类查询；或 Song 等的分类体系（Song et al.，2007；Song et al.，2009）：

歧义查询、宽泛查询、明确查询，在标注数据集的基础上选取分类特征，利用分类器训练分类模型以此实现歧义性查询的自动识别。其中，如何对查询歧义性进行标注是歧义性查询识别的重要工作。已有查询歧义性程度标注方法主要分为人工标注法（Nguyen et al.，2007；Aurelio et al.，2002；Baeza-Yates et al.，2006；Song et al.，2007；Song et al.，2009）与自动标注法（Stojanovic et al.，2003；Qiu et al.，2007；Cronen-Townsend et al.，2002；Yano et al.，2016；Teevan et al.，2008）。

其中，人工标注方法的主流思想是：预先指定的查询歧义性程度标注规则是人工标注法实施的依据，而查询歧义性程度标注规则依赖于歧义性分类体系的划分依据。因此，人工标注所采用的标注规则不同，则标注过程中会存在差异性。根据查询歧义性程度标注过程中所遵循的不同分类体系，人工标注法的研究包括以下三类。（1）基于查询含义定义的分类体系。Aurelio 与 Mourant（Aurelio et al.，2002）从查询含义的角度将查询歧义性的程度定义为三类：①查询只有一种含义；②查询包含两种含义；③查询包含三种含义。然而 Aurelio 与 Mourant（Aurelio et al.，2002）在文中没有给出明确的数据、标注过程以及标注结果描述。（2）基于用户目标定义的分类体系。Baeza-Yates 等（Baeza-Yates et al.，2006）提出分类体系的标注，从用户目标的角度将查询歧义性的程度定义为三类：①信息类（Informational）：获取与查询相关的信息；②非信息类（Not Informational）：获取与查询相关的其他资源，或者获取特定的网络交互（例如购物、下载、保存等）；③模糊（Ambiguous）：无法推测的目标。该标注规则被多位学者采用，用于作为人工标注 TodoCL 搜索引擎的 6042 个样本查询歧义性程度的依据，例如 Calderon-Benavides 等（Calderón-Benavides et al.，2010）、Gonzalez-Caro 与 Baeza-Yates（González-Caro et al.，2011）、Baeza-Yates 等（Baeza-Yates et al.，2006）、Mendoza 与 Baeza-Yates（Mendoza et al.，2008）。（3）基于查询含义以及查询子主题共同定义的分类体系。Nguyen 与 Kan（Nguyen et al.，2007）与 Song 等（Song et al.，2007；Song et al.，2009）使用的歧义类别标签不同，但是两者均从查询含义以及查询包含子主题两个方面共同定义了三类查询歧义性的程度。按照歧义程度由高至低，Nguyen 与 Kan（Nguyen et al.，2007）使用“一词多义”（Polysemous）、“宽泛”（General）、“专指”（Specific）三个标签；Song 等（Song et al.，2007；Song et al.，2009）使用“歧义”（Ambiguous）、“宽泛”（Broad）、“明确”（Clear）三个标签。具体含义如下：①一词多义（Nguyen et al.，2007）/歧义（Song et al.，2007；Song et al.，

2009)：查询有多个含义；②宽泛（Song et al.，2007；Song et al.，2009)：查询有一个明确的含义，却有多个子主题，用户通过提交新的查询词来获取与子主题相关的信息；③专指（Nguyen et al.，2007）/明确（Song et al.，2007；Song et al.，2009)：查询有一个明确含义且该含义对应一个范围窄的主题。Nguyen与Kan（Nguyen et al.，2007）根据所提出的定义，聘请了五名标注者标注了AllTheWeb查询日志中的75个样本查询的歧义程度。标注后数据的ANOVA检验表明，不同标注者的标注数据之间无显著差异（F value =0.4297，p=0.7871）。Song等（Song et al.，2007；Song et al.，2009）提出的分类体系被多位学者采用。Song等首先对MSN查询日志中的60条样本进行查询，雇请五名实验者分别从词典、检索结果以及用户行为（点击日志数据）三个角度标注查询歧义的程度。标注结果表明，根据检索结果以及用户行为，被至少四名查询者标注相同结果的查询词占比90%。随后，对于MSN查询日志中400条样本查询，雇请两名实验者根据用户行为标注。实验表明，63%查询的标注结果相同。Yano等（Yano et al.，2016）雇请三名网站员工对网站的600条样本查询标注歧义程度。研究表明，2/3标注者对于582条查询的标注结果相同（Krippendorff's alpha = 0.42)。总体来说，一方面，人力时间成本高，致使参与实验的标注者数量较少（一般不超过五人)，因此，人工标注法只适于小量数据，难以用于大量数据；另一方面，因个人对标注规则理解差异，不同标注者标注结果之间的一致性检验常不理想。

查询歧义性程度自动标注法的本质是根据度量查询歧义性程度的特征，提出自动标注指标，从而将其特征值转化为具体的查询歧义性值，以此衡量查询歧义性的程度，其标注结果常为连续性数值（Continuous)。根据其所采用度量的特征，自动标注法研究可以归为以下几类：(1）基于查询词项特征的自动标注。该方法的基本思想为：根据查询项之间的相似程度来衡量查询歧义性程度。一般来说，查询项之间相似度越高，查询歧义性程度越低，反之，其查询歧义性程度越高。该研究结果还表明，该指标与检索结果的准确率呈正相关。尽管如此，此类指标的不足之处是只考虑任意两个词项之间是否存在相同的类目，忽略了该类目出现次数对于词项间相似度的作用。(2）基于查询所对应检索文档特征的自动标注，即以查询所对应的检索文档的清晰度来衡量查询歧义性的程度，认为文档清晰度越高，查询歧义性程度越低，如Cronen-Townsend等（Cronen-Townsend et al.，2002)。其中实验结果表明，文档清晰度与检索的平均准确率正相关。然而此类指标需获取检索实施后的文档全文，计算耗时。(3）基于用户特征的自动标注。该方法主要通过用户点击行为或点击文档内容的差异性来衡量查询的歧义性程度，如 Yano 等（Yano et al.，2016；Teevan et al.，2008）。Yano 等（Yano et al.，2016）以查询所对应的用户点击文档涵盖的主题数目多少来衡量查询歧义性的程度，认为用户点击文档所涵盖的主题数目越少，查询歧义性程度越低。实验表明，自动标注结果与 600 条人工标注结果的相关性不高（Kendall's τ：－0.027～0.487）。Teevan 等（Teevan et al.，2008）总结了两类查询歧义性的度量方式：①基于用户相关性评价数据的显式度量法：Fleiss Kappa 系数（Fleiss et al.，1972）或者潜在个性化曲线（Potential for Personalization Curve）（Teevan et al.，2010）；②基于用户点击数据的隐式度量法：基于点击数据的潜在个性化曲线和点击熵（Click Entropy）（Dou et al.，2007）。其研究表明，显式度量法与隐式度量法的度量结果相关，特别是基于点击数据的潜在个性化曲线的度量结果与两个显式度量公式的结果显著相关。然而，该类指标的不足之处在于真实且实时的用户数据难以获取。自动标注方法相对于人工标注来说，虽对标注人员的依赖较小，可以用于大量数据，可克服人工标注法的成本消耗问题，但如何验证自动标注结果还需进一步验证。多数研究并没有直接验证自动标注指标，例如 Qiu 等（Qiu et al.，2007；Cronen-Townsend et al.，2002），其他研究只从一个方面验证自动标注指标，例如，Yano 等（Yano et al.，2016）只考虑自动标注指标与人工标注结果间的一致性，Teevan 等（Teevan et al.，2008）只考虑自动指标之间的相关性，但是以上研究均为如何验证自动标注指标之间的替代性提供了一定启发。

基于此，本书首先从已有研究中分别选取了基于文档特征、基于用户特征及基于查询词项特征的自动标注指标，再利用查询词项对应类目的频率改进了基于查询词项特征的自动指标，最后针对上述自动标注指标的替代性进行了分析，分别验证自动标注指标之间的相关性来验证自动指标之间的替代性，再通过自动标注结果与人工标注结果间的一致性来验证自动指标与人工标注结果的替代性。

4.2 查询歧义性程度的自动标注指标

为了验证自动标注指标的有效性，依据自动标注指标度量特征的不同，本书分别选取了如下三个指标来实现对查询歧义性程度的自动标注：(1) 类Ⅰ：基于查询所对应检索文档特征的 $Clarity_{CTC}(q)$ 指标（Cronen-Townsend et al.，2002）；(2) 类Ⅱ：基于用户特征的 $TopicEntropy(q)$ 指标（Yano et al.，2016)；(3) 类Ⅲ：基于查询词项特征的 $Clarity_Q(q)$ 指标（Qiu et al.，2007）。另外，本节在 $Clarity_Q(q)$ 的基础上，提出了一种基于查询词项向量表示的查询歧义自动标注指标 $VClarity_Q(q)$。

4.2.1　已有的自动标注指标

1）类Ⅰ：基于检索文档特征的 $Clarity_{CTC}(q)$ 指标。

$Clarity_{CTC}(q)$ 指标利用查询所返回检索文档的清晰度来度量查询歧义性程度。给定一个查询 q 、一个文档集合 D 以及该文档集合中的所有词项集合 V，$Clarity_{CTC}(q)$ 指标的定义如公式（1）所示：

$$Clarity_{CTC}(q) = D_{KL}(P(w|\theta_q) || P(w|\theta_C)) \tag{1}$$

其中，D_{KL} 用于计算文档清晰度，表示基于查询的语言模型与基于文档集合的语言模型之间的 KL 散度（Kullback-Leibler Divergence)；$P(w \mid \theta_C)$ 表示基于文档集合的语言模型 θ_C 生成 w 的概率，主要是通过利用最大似然估计（Maximum Likelihood Estimate，MLE）来估算词 w 在文档集合中的相对频率；$P(w|\theta_q)$ 表示为基于查询的语言模型 θ_q 生成词 w（词项 $w \in V$）的概率，是基于 Lavrenko 与 Croft 的相关模型（Relevance Model）公式（1）估算而得：假设一个查询 q 中包含了 n 个查询词项，$q = (w_q^1, w_q^2, \cdots, w_q^n)$，$(n \geqslant 1)$，则 $P(w \mid \theta_q)$ 的具体计算参见公式（2）所示：

$$P(w|\theta_q) = \frac{\sum_{m \in M} P(m)P(w|m)\prod_{i=1}^{n} P(w_q^i|m)}{P(q)} \tag{2}$$

其中，M 表示有限的词项在文档 $d \in D$ 中的一元分布 m 的集合，$P(m)$ 是一元分布 m 的先验概率，$P(q)$ 是查询 q 的先验概率；$P(w \mid m)$ 的定义如公式（3）所示：

$$P(w|m) = \lambda P(w|\theta_d) + (1-\lambda)P(w|\theta_C) \tag{3}$$

其中，$P(w|\theta_d)$ 表示 w 在文档 d 中的相对频率，也是通过采用 MLE 计算而得；λ 表示调节参数，用于控制 $P(w|\theta_d)$ 与 $P(w|\theta_C)$ 的权重，取值区间为 [0，1]。

2）类Ⅱ：基于用户特征的 $TopicEntropy(q)$ 指标。

$TopicEntropy(q)$ 指标利用查询对应用户点击文档所涵盖的主题数目来度量查询歧义性的程度。给定一个查询 q、其相关文档集合 R，以及一个主题

集合 T，$TopicEntropy(q)$ 指标的定义如公式（4）所示：

$$TopicEntropy(q) = \frac{1}{|R|}\sum_{d \in R} D_{KL}(P(t|d) \| P(t|q)) \tag{4}$$

其中，$|R|$ 是相关文档的个数；$P(t|d)$ 是文档 $d \in R$ 关于主题 $t \in T$ 的分布，可通过主题模型或者词袋模型估算；考虑到 Qiu 等（Qiu et al.，2007）的研究结果：在估算 $TopicEntropy(q)$ 中 $P(t|d)$ 时，使用主题模型 Latent Dirichlet Allocation（LDA）优于词袋模型，故本节使用 LDA 估算 $P(t|d)$；$P(t|q)$ 是查询 q 关于主题 $t \in T$ 的分布，以 R 中所有文档的平均主题分布估算。

3）类Ⅲ：基于查询词项特征的 $Clarity_Q(q)$ 指标。

$Clarity_Q(q)$ 指标利用查询中词项对应类目的交叉程度来度量查询歧义性。给定查询 q，首先定义 W_q 为查询 q 的查询词项集合的子集，使得 $\forall w \in W_q$ 均对应一个非空类目集合 $C_w = \{c_1, c_2, \cdots, c_k\}$，$(k \geqslant 1)$。其中，$c_i$ 为 w 所对应的类目，C_w 本书通过目录型网站（Directory Web Site）获取，将查询词项提交给目录型网站进行检索，将其返回结果所属类目作为该查询词项对应的类目。在此基础上，$Clarity_Q(q)$ 指标的定义如公式（5）所示：

$$Clarity_Q(q) = 1/(interScore_q + 1) \tag{5}$$

其中，$interScore_q$ 表示某查询 q 中任意两个查询词项所对应相同类目的个数，即为公式（6）中集合 C_{inter} 所包含元素的个数。

$$C_{inter} = \{c \mid c \in C_{w_i}, c \in C_{w_j}, w_i \in W_q, w_j \in W_q, i \neq j\} \tag{6}$$

4.2.2 本书改进的 $VClarity_Q(q)$ 指标

一般而言，自动标注指标所能依据特征的选择有限，如查询词项特征、检索文档特征、用户特征等，且后两种特征利用的数据均属于后检索数据，获取、计算均有一定难度，因此，如何设计自动标注设计指标从而将有限的特征转化为一个表示查询歧义性的数值，有待进一步研究。其中，公式（5）定义的 $Clarity_Q(q)$ 只考虑两个词项之间是否存在相同的类目，忽略了该类目对于不同词项的作用。为解决此问题，本节提出考虑了词项所对应每个类目出现次数的 $VClarity_Q(q)$ 指标，即在公式（5）的基础上，重新定义了 $interScore_q$，具体如公式（7）所示：

$$interScore_q = \frac{1}{\#(i,j)}\sum \vec{\boldsymbol{w}}_i \cdot \vec{\boldsymbol{w}}_j \tag{7}$$

其中，$\#(i,j)$ 为查询词项两两无序配对的对数，$\vec{w}_i$ 与 $\vec{w}_j$ 分别为查询词项 w_i 与 w_j 的 l 维向量表示。词项 w 的向量表示 $\vec{w}$ 如公式（8）所示：

$$\vec{w} = (c_1, Weight_{c_1}; \cdots; c_l, Weight_{c_l}) \tag{8}$$

其中，l 为目录型网站的一级类目个数，c_i 是第 i 个类目，$Weight_{c_i}$ 为类目 c_i 对应的权重。根据类目出现的次数，$Weight_c$ 有三种计算方式：$CF(c)$、$CFIQF(c)$ 以及 $CFIQFN(c)$，定义如公式（9）至公式（11）所示：

$$CF(c) = \frac{cf_c}{\|\vec{w}\|} \tag{9}$$

$$CFIQF(c) = cf_c \times \log_{10} \frac{N}{n_c} \tag{10}$$

$$CFIQFN(c) = \frac{CFIQF}{\|\vec{w}\|} \tag{11}$$

其中，$\|\vec{w}\|$ 表示向量 $\vec{w}$ 模的长度；cf_c 为类目 c 在集合 C_w 的出现频率；n_c 为属于类目 c 的所有查询词项的个数；N 为该目录体系所包含的所有查询词项个数。

4.3　实验设计

4.3.1　数据获取与预处理

本书中所涉及的实验数据来自 2009—2012 年 TREC Web Track 中 Adhoc 任务提供的测评数据集①，并在此基础上自主构建了 ClueWebRel 数据集，所有数据均使用 Indri 停用词表②进行了词用词处理。数据集合介绍具体内容如下：

（1）查询任务描述（Topic Full Statement File，样例数据见图 4−1）数据集。该数据集以 XML 格式为每个查询任务（Topic）记录了查询条目（Query）、查询任务描述（Description）以及该查询任务的多个子主题（Subtopic）③，具体数据样例如图 1 所示。其中，TREC 主办方还为该数据集中的每个查询类别（Type）进行标注，其标注类别为模糊性（Ambiguous）

① 任务介绍或实验数据下载地址：http://trec.nist.gov/data/webmain.html.

② http://www.lemurproject.org/stopwords/stoplist.dft.

③ 查询任务与查询条目一一对应，如无特殊说明，本书将查询任务、查询条目统称为查询。

（图 4—1a）或者多面性（Faceted）（图 4—1b）。模糊性查询定义为包含多个不同且互不相关含义（Interpretation）的查询，单个用户只对此类查询中包含的某一种含义感兴趣，如查询“windows”，可能的含义为“计算机系统 windows”或者“建筑 windows”；多面性查询仅包含一个主要含义，但是包含关于该含义的多个子主题，单个用户同时对一个或者多个子主题感兴趣（Clarke et al.，2009；Clarke et al.，2010；Clarke et al.，2011；Clarke et al.，2012），如查询“建筑 windows”，可能的子主题为“窗户安装”“窗户设计”等。TREC 每年发布 50 个不重复的查询，本书共获得 200 个查询，其中包含 58 个“模糊”查询、142 个“多面”查询。

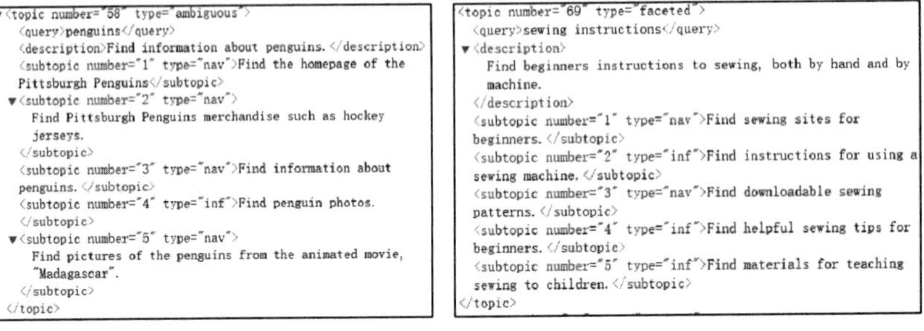

```
▼<topic number="58" type="ambiguous">
  <query>penguins</query>
  <description>Find information about penguins. </description>
  <subtopic number="1" type="nav">Find the homepage of the
  Pittsburgh Penguins</subtopic>
 ▼<subtopic number="2" type="nav">
   Find Pittsburgh Penguins merchandise such as hockey
   jerseys.
  </subtopic>
  <subtopic number="3" type="nav">Find information about
  penguins. </subtopic>
  <subtopic number="4" type="inf">Find penguin photos.
  </subtopic>
 ▼<subtopic number="5" type="nav">
   Find pictures of the penguins from the animated movie,
   "Madagascar".
  </subtopic>
</topic>
```

a.模糊性查询

```
<topic number="69" type="faceted">
  <query>sewing instructions</query>
 ▼<description>
   Find beginners instructions to sewing, both by hand and by
   machine.
  </description>
  <subtopic number="1" type="nav">Find sewing sites for
  beginners. </subtopic>
  <subtopic number="2" type="inf">Find instructions for using a
  sewing machine. </subtopic>
  <subtopic number="3" type="nav">Find downloadable sewing
  patterns. </subtopic>
  <subtopic number="4" type="inf">Find helpful sewing tips for
  beginners. </subtopic>
  <subtopic number="5" type="inf">Find materials for teaching
  sewing to children. </subtopic>
</topic>
```

b.多面性查询

图 4—1　查询任务描述数据样例

（2）ClueWeb09 Category B 数据集。即 2009 年 1—2 月从网络上采集的前 5 亿条英文网页全文数据。

（3）上述数据集对应的相关性评分标准结果集（Qrel，图 4—2）。该结果集中每一条记录包含一个任务编号（第一列）、一个文档编号（第三列），以及该文档与该任务的相关性得分（第四列）。相关性得分均由 TREC 人工对每年发布的 50 个查询集合在 ClueWeb09 数据集上采用 Pooling 方法检索得到的网页集合进行相关性判断。虽然 TREC 每年的相关性评分标准的量表不同①，但是评分标准相同：正值表示相关，零值表示无关，负值表示垃圾网页。

（4）ClueWebRel 为 ClueWeb09 Category B 数据集的子集，是笔者利用 Qrel 从 ClueWeb09 Category B 数据集中抽取与查询相关文档（相关性得分为

① 2010 年、2012 年的相关性评分标准采用 6 点量表，2011 年采用 5 点量表，2009 年采用 3 点量表 [26—29]。

正值）而得，如图 4－2 所示。笔者剔除了六个无法获得相关文档全文的查询[①]，ClueWebRel 包含 194 个查询的全部相关文档全文，共计 11037 篇，其中不重复文档共计 11022 篇，且平均每个查询获得的相关文档为 56.89 篇。

```
58 0 clueweb09-en0008-01-12108 3
58 0 clueweb09-en0008-05-26937 0
58 0 clueweb09-en0008-07-14334 1
58 0 clueweb09-en0008-07-15284 2
58 0 clueweb09-en0008-07-15589 0
58 0 clueweb09-en0008-07-15591 0
58 0 clueweb09-en0008-07-16526 1
```

图 4－2　相关性评分标准结果集数据样例

4.3.2　人工标注方法实现

笔者发现，基于 Nguyen 和 Kan（Nguyen et al.，2007）及 Song 等（Song et al.，2007；Song et al.，2009）定义的查询歧义程度分类体系（一词多义（Nguyen et al.，2007）/歧义（Song et al.，2007；Song et al.，2009）、宽泛（Nguyen et al.，2007；Song et al.，2007；Song et al.，2009）、专指（Nguyen et al.，2007）/明确（Song et al.，2007；Song et al.，2009）与 TREC 查询歧义性程度标注所采用的分类体系（模糊、多面）之间具有相似性，均考虑了查询的含义以及查询所包含的子主题。因此，本书并没有单独设计人工标注实验，而是直接使用 TREC 标注的查询歧义性程度数据进行相关研究。因 Nguyen 和 Kan（Nguyen et al.，2007）、Song 等（Song et al.，2007；Song et al.，2009）仅于体系中定义歧义程度的标签不同[②]，本书统一使用“完全歧义”、“中度歧义”以及“略微歧义”来分别指代两个体系中“一词多义（Nguyen et al.，2007）/歧义（Song et al.，2007；Song et al.，2009）”　“宽泛（Nguyen et al.，2007；Song et al.，2007；Song et al.，2009）”“专指（Nguyen et al.，2007）/明确（Song et al.，2007；Song et al.，2009）”，并利用子主题个数这一指标将 TREC 的两类歧义性（模糊、多面）转换为 Nguyen 和 Kan（Nguyen et al.，2007）、Song 等（Song et al.，

---

① 在网页的相关性评分标准结果集中：检索任务 95，100 无相关性文档评分；检索任务 20 无相关文档。在 ClueWeb09 Category B 数据集：检索任务 112，143，152 的全部相关文档缺失（112：1 个篇关文档；143：25 篇相关文档；152：8 篇相关文档）。

② 具体见本书相关研究。

2007；Song et al.，2009）的三类歧义性（略微歧义、中度歧义、完全歧义），具体操作如下：TREC 的“模糊”对应于“完全歧义”，TREC 的“多面”根据“多面”查询的子主题个数对应于“略微歧义”或者“中度歧义”。142 个 TREC“多面”查询的子主题个数统计信息见表 4－1。

表 4－1　142 个“多面”查询的子主题个数统计信息

	总数	子主题个数						
		2	3	4	5	6	7	8
查询个数	142	2	40	62	23	13	0	2
百分比	100%	1.41%	28.17%	43.66%	16.20%	9.15%	0.00%	1.41%

由表 4－1 可知，142 个“多面”查询中，子主题个数最少为 2，最多为 8，且多数查询的子主题个数为 3 或者 4，分别占比 28.17%、43.66%。因此本书以 3 作为阈值：若该“多面”查询的子主题数不超过 3（≤3），则该“多面”查询对应于“略微歧义”；若该“多面”查询的子主题数超过 3（>3），则该“多面”查询对应于“中度歧义”。最终，本节 200 个查询的歧义性程度的统计信息见表 4－2。

表 4－2　200 个查询的歧义性程度统计

	总数	完全歧义	中度歧义	略微歧义
查询个数	200	58	100	42
百分比	100%	29%	50%	21%

4.3.3　自动标注的实现

本节针对前文所述的四个自动标注指标一共实现了 12 组实验，具体如下：

1）类Ⅰ：指标 $Clarity_{CTC}(q)$ 的实现。

本节对 200 个查询均计算了 $Clarity_{CTC}(q)$ 值，其实现细节与本节（Stojanovic et al.，2003）相同，其中：①针对每一个查询，利用 Indri 5.7 中语言模型（Dirichlet 平滑，$\mu=2500$）从 ClueWebRel 检索 500 个文档作为其文档集合 D；②公式（3）中 λ 设置为 0.6；③在公式（1）中，只考虑文档集合 D 中的不重复词项。该实验组被简写为“CTC”。

2）类Ⅱ：指标 $TopicEntropy(q)$ 的实现。

本节只对 194 个存在相关文档的查询[①]计算了 $TopicEntropy(q)$ 值。其中，该模型中的 LDA 模型训练与主题推演由 MALLET[②] 实现，最佳主题数目由 MLE 确定。根据模型训练所需要的步骤与数据，本节涉及了三个 LDA 实验组（LDA1、LDA2、LDA3）：

LDA1：仅包含模型训练步骤。LDA1 针对每个查询的相关文档全文训练一个最优主题模型。在模型训练时，主题数目取值范围为 1 至 70，每次间隔为 1。其中，194 个主题模型的最佳主题数取值从 1 到 67，其中 2 与 19 为最常见的最佳主题数，分别占比 6.2%与 5.2%。

LDA2：包含模型训练以及主题推演两个步骤。模型训练时，仅在 ClueWebRel 上训练一个最优主题模型，主题数目取值范围从 100 至 1000，每次间隔为 5，最终确定最优主题数目为 885；主题推演时，在每个查询的相关文档上，均只使用这一个最优主题模型。

LDA3：与 LDA2 相似，但是训练数据不同，训练数据采用 Pooling 方式构建，具体如下：对于全部 200 个查询，针对每个查询，利用 indri 的三个检索模型在 ClueWeb09 Category B 分别各自检索前 100 个文档，最终获得 36591 篇文档。三个检索模型分别为：语言模型（Dirichlet 平滑，$\mu=2500$）、语言模型（Jelinek-Mercer 平滑，$\lambda=0.4$），以及 OKAPI BM25（$k_1=1.2$，$b=0.75$，$k_3=7$）。模型训练时，主题数目取值范围为 100 至 3000，间隔为 100。最终确定最优主题数目为 2200。其中，本节将使用不同 LDA 实验组的 $TopicEntropy(q)$ 实验分别简称为“TE1”“TE2”“TE3”。

3）类Ⅲ：指标 $Clarity_Q(q)$ 与指标 $VClarity_Q(q)$ 的实现。

本节对 200 条查询的所有查询词项进行去除停用词、重复词处理后，共获取 400 个查询词项，并向目录型网站提交单个查询词项，获得（至多）前 50 条原始检索结果（网站或网页），并记录检索结果所属的一级类目。需指出的是，因 Open Directory Project（http://www.dmoz.org/）自 2017 年 3 月 17 起停止了服务[③]，本节选用了以下五个目录型网站：BWD（Best of the Web：https://botw.org/）、DLIVE（DMOZ，http://dmozlive.com/）、JANT（JoeAnt，http://www.joeant.com/）、HVN（Hot vs Not，http://www.

① 见 4.1 节数据获取与预处理。

② http://mallet.cs.umass.edu/.

③ 访问时间：2017 年 11 月 14 日。

hotvsnot. com/)、MID（Marketing Internet Directory，http://www. marketinginternetdirectory. com)。受目录型网站收录网站、网页数据量的影响，并非所有查询词项均可获得对应关系，因此本书最终只针对 141 个查询计算了 $Clarity_Q(q)$ 值和 $VClarity_Q(q)$ 值。其中，最终得到的查询词项与类目数统计信息见表 4−3。

表 4−3　查询词项与类目数目统计

目录型网站	一级类目数目	覆盖查询词项数目（%）	查询词项对应一级类目平均数目	覆盖查询数目（%）
BWD	16	394（98.5%）	6.77	140（70.0%）
DLIVE	15	386（96.5%）	6.68	137（68.5%）
JANT	18	335（83.8%）	8.76	117（58.5%）
HVN	16	314（78.5%）	6.77	111（55.5%）
MID	13	254（63.5%）	4.81	91（45.5%）
M	22	398（99.5%）	13.30	141（70.5%）

从表 4−3 可知，五个目录型网站预设的一级类目数目范围为 13 至 18，查询词项对应一级类目的平均数目范围为 4.81～8.76；五个目录型网站涵盖的查询词比例范围为 63.5%～98.5%，涵盖的查询比例范围为 45.5%～70.0%。因此，针对每个查询计算 $Clarity_Q(q)$［或 $VClarity_Q(q)$］，本节提出了平均式（A）与融合式（M）两种方式来综合从五个目录型网站获取的查询词项与类目之间对应关系。其中，平均式综合了基于不同目录型网站的查询歧义值，具体实现过程为：首先分别依据不同目录型网站获取的对应关系计算 $Clarity_Q(q)$［或 $VClarity_Q(q)$］；再利用最大最小归一化法，将基于单个目录型网站计算的 $Clarity_Q(q)$［或 $VClarity_Q(q)$］数据分别线性化映射到［0，1］范围，以此来减小基于不同目录型网站计算的 $Clarity_Q(q)$［或 $VClarity_Q(q)$］取值范围的差异；最后，取归一化后的 $Clarity_Q(q)$［或 $VClarity_Q(q)$］的平均值为最终结果。融合式综合了不同目录型网站的类目体系，具体实现过程为：首先针对五个目录型网站预设的一级类目，笔者共同采用字符串匹配的方式，人工将类目名称含有相同字符子串的类目合并为一个类目（如“Health”与“Health and Fitness”），最终将五个目录型网站预设的一级类目体系合并为一个类目体系；然后，分别将五个目录型网站上获取的结果映射到合并后的类目体系，且类目合并后查询词项与类目的对应关系的统计

信息见表 4－3 中最后一行；在以上基础上，最后计算 $Clarity_Q(q)$ 值［或 $VClarity_Q(q)$ 值］。

总之，本节一共涉及八组实验（CLA、CLM、V1A、V1M、V2A、V2M、V3A、V3M）。命名规则解释如下：前两个字符标明自动标注方法（CL：$Clarity_Q(q)$；V1、V2、V3：基于公式（9）、公式（10）、公式（11）计算的 $VClarity_Q(q)$、最后一个字符标明五个目录型网站结果的融合方式（A 或 M）。

4.4 实验结果分析

本部分只关注前文所述三类六种自动标注方法实现的 12 组实验：（1）类Ⅰ：CLC；（2）类Ⅱ：TE1、TE2、TE3；（3）类 III：CLA、CLM、V1A、V1M、V2A、V2M、V3A、V3M。

4.4.1 自动标注指标之间相关性分析

本节将自动标注指标间的对比问题转化为相同长度的列表间相关性检测问题：每个自动标注实验组的结果均可视为一列得分值，对于两个列表中包含的相同查询，本节使用皮尔逊相关系数（ρ）与对称 AP 相关性系数（$symm\tau_{ap}$）（Yilmaz et al.，2008）测量两个列表间的相关性分数。其中，ρ 与 $symm\tau_{ap}$ 的取值区间均为［－1，1］；其系数值的正负均表明正相关或者负相关；ρ 或 $symm\tau_{ap}$ 的绝对值越大，表明相关性越强，反之，相关性越弱。ρ 或 $symm\tau_{ap}$ 相关系数与相关性强度的对应关系参见表 4－4。查询歧义性程度自动标注指标间 ρ 检验与 $symm\tau_{ap}$，检验结果分别见表 4－5 与表 4－6，单元格颜色深浅表明相关性强度，其颜色越深，表明相关性强度越大。

表 4－4 相关性强度与相关系数对应①

系数绝对值	0.00～0.09	0.10～0.29	0.30～0.49	0.50～1.0
强度	无	弱	适中	强

① Cohen J. Statistical Power Analysis for the Behavioral Sciences［M］. L. Erlbaum Associates，1988.

表 4-5 查询歧义性程度自动标注指标 ρ 检验

	CLC	TE1	TE2	TE3	CLM	CLA	V1M	V1A	V2M	V2A	V3M	V3A
TE1	0. 255											
TE2	0. 206	0. 776										
TE3	0. 158	0. 766	0. 896									
CLM	−0. 085	0. 090	0. 054	0. 057								
CLA	−0. 237	0. 119	0. 045	0. 099	0. 660							
V1M	−0. 030	0. 069	0. 046	0. 033	0. 317	0. 274						
V1A	−0. 088	0. 092	0. 089	0. 105	0. 414	0. 503	0. 778					
V2M	0. 072	−0. 107	−0. 099	−0. 111	0. 683	0. 430	0. 245	0. 345				
V2A	−0. 030	−0. 047	−0. 036	−0. 025	0. 517	0. 607	0. 306	0. 536	0. 678			
V3M	0. 042	−0. 146	−0. 103	−0. 097	−0. 100	0. 023	0. 516	0. 436	0. 256	0. 308		
V3A	−0. 049	−0. 053	0. 006	−0. 004	0. 141	0. 264	0. 652	0. 809	0. 304	0. 536	0. 694	

表 4－6 查询歧义性程度自动标注指标 $symm\tau_{ap}$ 检验

	CLC	TE1	TE2	TE3	CLM	CLA	V1M	V1A	V2M	V2A	V3M	V3A
TE1	−0.075											
TE2	−0.042	0.448										
TE3	−0.062	0.427	0.556									
CLM	−0.275	0.050	−0.038	−0.021								
CLA	−0.229	0.052	−0.018	0.004	0.495							
V1M	−0.057	0.050	0.048	0.016	0.105	0.124						
V1A	−0.126	0.022	0.039	0.043	0.172	0.282	0.508					
V2M	0.038	−0.097	−0.096	−0.089	0.248	0.233	0.084	0.137				
V2A	−0.053	−0.046	−0.042	−0.018	0.244	0.397	0.130	0.286	0.389			
V3M	0.030	−0.056	−0.018	−0.025	0.010	0.074	0.325	0.257	0.199	0.190		
V3A	−0.077	−0.014	0.017	0.022	0.103	0.230	0.438	0.573	0.173	0.330	0.413	

由表 4－5 与表 4－6 数据可知：① ρ 的数值比 $symm\tau_{ap}$ 数值略高；②在 12 个自动标注实验组中，以 ρ 而言，TE2 与 TE3 的相关性最好（ρ＝0.896），以 $symm\tau_{ap}$ 而言，V1A 与 V3A 的相关性最好（$symm\tau_{ap}$＝0.573）；③多数自动标注实验组间适中正相关，只有少数类 III 实验组（CL，V1，V2，V3）与类 I 实验组（CLC）、少数类 II 实验组（TE）之间弱负相关；④相同自动标注指标的不同实验组之间适中或强正相关：以 ρ 而言，TE 所有实验组之间相关性最好，平均为 0.813，以 $symm\tau_{ap}$ 而言，V1 所有实验组之间相关性最好，平均为 0.508；⑤不同自动标注指标之间相关性差，只存在弱负相关或者弱正相关，说明了不同自动指标之间的替代性较弱。

4.4.2 自动标注指标与人工标注之间的一致性分析

本节将查询歧义性自动标注法与人工标注法一致性检验问题转为一个多类别分类问题，且使用宏平均 F1 和宏平均准确性（Cohen et al.，1988）度量，其得到的指标得分越高表明一致性越好。将人工标注的结果作为正确类别(Gold Label)，而自动标注法则分别根据两个得分阈值（k_1 以及 k_2）来预测查询歧义的程度：对于 $Clarity_{CTC}(q)$、$Clarity_Q(q)$、$VClarity_Q(q)$ 指标，若分值高于阈值 k_2($\geqslant k_2$)，则归类为“略微歧义”；若分值低于阈值 k_1($\leqslant k_1$)，则归类为“完全歧义”。对于 $TopicEntropy(q)$ 指标：若其分值高于阈值 k_2($\geqslant k_2$)，则归类为“完全歧义”；若分值低于阈值 k_1($\leqslant k_1$)，则归类为“略微歧义”。本节以 min，max，*median* 以及 *std* 分别表示一系列数据中的最小值、最大值、中位数以及标准差，测试了 S1、S2 以及 S3 三种阈值选择方法。

S1：尝试多个 k_1 以及 k_2 的组合，最优化 F1、准确率的取值。k_1 的取值范围为 min 至 *median*；k_2 的取值范围为 k_1 至 max；间隔为(max-min)/100。

S2：k_1，k_2 分别依据公式（11）、公式（12）定义。

$$k_1 = argmax\{\min, median\text{-}std\} \tag{11}$$

$$k_2 = argmin\{\max, median + std\} \tag{12}$$

S3：针对每个实验组的得分，按照升序对数据进行排序，取位于 1/3 处的数据为 k_1，取位于 2/3 处的数据为 k_2。

因为 k_1 以及 k_2 的设定依赖于标签均匀分布的数据集，故笔者在尽可能多涵盖查询的基础上，构建了一个均匀分布的查询集合。该集合共包含 66 个查询，均可被 12 组实验组计算，且每个歧义程度的查询为 22 个。在该查询集合上，12 个自动标注与人工标注一致性的检验结果见表 4－7。

表 4-7　查询歧义性程度的自动标注与人工标注一致性检验

类别	方法	S1		S2		S3	
		F1	准确率	F1	准确率	F1	准确率
Ⅰ	CLC	0.561	0.657	0.404	0.545	0.379	0.586
Ⅱ	TE1	0.594	0.687	0.446	0.606	0.303	0.535
	TE2	0.543	0.647	0.413	0.596	0.364	0.575
	TE3	0.519	0.677	0.251	0.556	0.425	0.616
Ⅲ	CLA	0.532	0.637	0.374	0.576	0.318	0.546
	CLM	0.455	0.606	0.421	0.586	0.345	0.566
	V1A	0.623	0.707	0.477	0.616	0.485	0.657
	V1M	0.564	0.697	0.319	0.546	0.424	0.616
	V2A	0.511	0.657	0.303	0.535	0.424	0.616
	V2M	0.394	0.657	0.344	0.586	0.440	0.626
	V3A	0.501	0.667	0.359	0.566	0.455	0.636
	V3M	0.563	0.667	0.350	0.566	0.349	0.566

从表 4－7 数据可知，在所有阈值设定中，若不考虑本节新提出的 $VClarity_Q(q)$，在三类自动标注指标中，类Ⅱ实验组（TE）效果最好；若考虑本节提出的 $VClarity_Q(q)$，V1A 的效果最好，特别是使用 S1 时，F1 最高可达 0.623，准确率最高可达 0.707。

在所有类Ⅲ自动标注指标的实验组中，使用平均式（A）结果融合方法的实验组效果优于使用融合式（M），且本书所提出 $VClarity_Q(q)$ 的三种方法效果略优于 $Clarity_Q(q)$：在三种 $VClarity_Q(q)$ 中，V1 的 F1 与准确率最高。

4.5　研究小结

针对查询歧义性程度标注，本书首先从已有研究中分别选取基于不同特征（查询词项、检索文档、用户）的自动标注指标，然后利用查询词项对应类目的频率改进了一种基于查询词项特征的自动标注指标。在此基础上，用从以下方面所选用的自动标注指标进行替代性检验：①以皮尔逊相关系数与对称 AP 相关系数验证自动标注指标之间的相关性；②以宏平均 F1 与宏平均准确率验证自动标注指标与人工标注结果之间的一致性。研究结果表明：①不同类型的自动标注指标之间相关性弱，说明自动标注指标之间替代性较弱；②在所有自动标注指标中，本书所提出的基于查询词项向量表示的查询歧义标注指标 $VClarity_Q(q)$ 与人工标注的一致性最高（F1：0.623；准确率：0.707），在一定程度上可替代人工标注。尽管如此，本书仍存在一些不足，也即笔者在未来工作中需要进一步深入探讨的内容：①计算指标 $Clarity_Q(q)$ 以及指标 $VClarity_Q(q)$ 时，限于目录型网站的查询词项覆盖率，部分自动标注指标无法用于查询歧义性程度标注，导致用于检验有效性的歧义查询数量较少。需要寻找查询词项覆盖率更高的目录型网站或在更大歧义查询数据集上，进一步验证自动标注指标的有效性；②现有自动标注法只使用了单一自动标注指标，可探讨融合不同特征的自动标注法的有效性；③在自动标注歧义查询的基础上，探讨如何提高歧义性查询的检索性能。

5 基于查询表达式特征的时态意图识别

5.1 引言

查询意图常被定义为用户通过查询表达式（即查询）而表达出的用户信息需求（Broder et al.，2002；Sushmita et al.，2010）。搜索引擎允许用户输入的关键词个数有限，导致查询表达式不能完整描述用户的信息需求。因此，理解查询意图，返回与用户信息需求相关的信息，成为提高搜索引擎检索效率的主要途径之一。部分研究文献（Calderón-Benavides et al.，2010；Nguyen et al.，2007；González-Caroet al.，2011）表明，时态是理解查询意图的一个重要维度。查询时态意图（简称为时态意图）主要指用户通过查询语句所表达出来的对检索结果所属时间段的需求（Nguyen et al.，2007；González-Caro et al.，2011），如查询“2008 Olympics”（奥运会 2008）表明用户想获得在 2008 年举行的奥运会的相关信息；查询“Einstein early life”（爱因斯坦童年）主要想获取爱因斯坦童年时期的故事、经历等。Campos 等（Campos et al.，2011）发现在 AOL 查询日志的样本中，具有时态意图的查询占比约 8.21%，因此具有时态意图的查询在一定程度上会影响搜索引擎的检索质量。2013—2016 年间，信息检索领域的一些重要测评会议（如 SemEval、TREC 或 NTCIR 等）也对时态信息检索相关研究给予了高度重视，然而在此之后，时态信息检索研究成果较少，且外文成果多于中文成果（张晓娟等，2017）。时态意图识别是时态信息检索研究中的一个基础问题，旨在判断用户提交某查询后是否想获得某特定时间段的信息，其结果有助于搜索引擎根据用户时态需求返回更精确的检索结果，如在主题同等相关的条件下，返回更新的文档（近因敏感排序，Recency-Based Ranking）或为查询返回不同时间段的文档（时间依赖性排序，Time-Dependent Ranking）。

时态意图识别研究的主要方法是基于给定时态意图分类体系的查询分类研

究（张晓娟等，2017），即通过特征选择及模型训练，将查询分类至给定分类体系中的某一个类别。常见的时态意图分类体系包括 Jones（Jones et al.，2007）体系和 TQIC 体系（Joho et al.，2014）。大多数查询意图识别研究是基于 TQIC 体系展开的，该体系由 NTCIR 测评会议中的时态意图分类子任务（Temporal Query Intent Classification，TQIC）[①] 首次提出，将时态意图分为四类（Joho et al.，2014）。过去：查询与过去相关的资源，用户所需的查询结果不随查询时间而改变；现在：查询与现在相关的资源，用户所需的查询结果及时更新，随查询时间而改变；未来：查询与未来相关的资源，如预测或预定的事件等；与时间无关（简称为无关）：查询不具备上述时态意图，用户所需的查询结果与时间无关。基于该分类体系，TQIC 还发布测评数据，为时态意图识别研究提供统一评测平台，从而为时态意图查询的相关研究奠定基础。

基于 TQIC 体系的时态意图识别的分类特征主要来自查询表达式与伪相关文档集合。其中，基于查询表达式的研究只考虑查询表达式本身的特征，主要分为与时间无关的特征（例如查询长度）和与时间相关的特征（例如动词时态与时间表达式等）。Yu 等（Yu et al.，2014）抽取查询包含的时间与查询提交时间的时间差、核心动词的时态及实体特征三类查询表达式特征，分别使用有监督分类算法（逻辑回归）与半监督分类算法（线性回归）实现时态意图识别。实验表明，相比半监督分类算法，使用全部特征的逻辑回归算法的平均分类准确度在已有研究中最优。Shah 等（Shah et al.，2014）提出查询长度、查询中动词数量和查询中是否包含年份等三个特征，分别使用朴素贝叶斯、支持向量机及决策树算法进行时态意图识别。虽然最终的平均分类准确率不是最优，但是“无关类”的分类准确率在已有研究中最优。Filannino 等（Filannino et al.，2014）考虑 11 个与时间相关的特征及支持向量机、朴素贝叶斯、决策树和随机游走四种分类算法，其实验表明仅使用五个特征的支持向量机平均分类准确率最高，这五个特征为查询是否包含时间表达式、查询包含的时间与查询提交时间的时间差、查询中动词时态、查询中明显指示时态类别词汇（Triggers，即时间关键词）的频率以及出现顺序。

除此之外，也有学者同时考虑了查询表达式特征及伪相关文档集合特征。其中，抽取的查询表达式特征也主要包括与时间相关或时间无关的特征；抽取的伪相关文档集合特征可以分为文档的时间特征（如发布时间、包含的时间信息等）和文档的一般特征（如 N-Gram）。

---

① http://ntcirtemporalia.github.io/.

Burghartz 等（Burghartz et al.，2014）抽取 N-Gram、查询词项的时态类别、语言特征、主题特征四组查询表达式特征及文档发布时间和文档包含的时间信息两类伪相关文档集合特征，分别使用朴素贝叶斯与决策树识别时态意图。实验结果表明，朴素贝叶斯算法优于决策树算法，且同样采用朴素贝叶斯算法时，从六个特征组中人工选取的 15 个特征优于利用模拟退火算法（Simulated Annealing）选取的特征组合。Hasanuzzaman 等（Hasanuzzaman et al.，2014）在查询表达式特征（查询包含的时间与查询提交时间的时间差、N-Gram、查询词项的时态类别）的基础上，从伪相关文档集合抽取文档分类结果特征与文档时间信度值特征（Document Temporal Confidence Value）（Campos et al.，2012），利用集成学习（Ensemble Learning）算法，以权重为各个基分类器分类准确率的加权投票思想聚合八个基分类器进行时态意图的自动识别。实验结果表明，"现在类"的分类准确率最高。在此基础上，Hasanuzzanman 等（Hasanuzzaman et al.，2015）提出聚合基分类器权重计算的其他三种方式，并将基分类器数量由八种扩展至 28 种。结果表明，其平均分类准确率优于 TQIC 任务的最优测评结果。与 Hasanuzzaman 等（Hasanuzzaman et al.，2014；Hasanuzzaman et al.，2015）的方法相似，Hou 等（Hou et al.，2014）通过两步实验进行时态意图识别：先采用 PRISM 算法进行时态意图识别，若该算法无法将查询归为某类，则采用投票思想聚合多个基分类器。基分类器训练的特征包括查询表达式特征（N-Gram、实体特征、查询词项的时态类别、查询包含的时间信息、查询包含的时间与查询提交时间的时间差）及伪相关文档集合特征（N-Gram）。实验结果表明，选择使用基于伪相关文档集合特征的基分类器优于基于其他特征的基分类器。上述研究均表明，在查询表达式特征的基础上考虑伪相关文档集合特征，无论采用单一分类器，或以投票思想聚合多个基分类器，均难以提高时态意图识别的平均分类准确率。

相比伪相关文档集合，查询表达式是用户信息需求的一种表达形式（Mizzaro et al.，1998），且基于查询表达式的文本处理与特征抽取更为简易；部分研究文献（Joho et al.，2014）表明，在查询表达式特征的基础之上考虑伪相关文档集合特征（如 N-Gram、发布时间、包含的时间信息等），无论采用单一分类器，或以投票思想聚合多个基分类器，均难以提高仅使用查询表达式特征的时态意图识别准确度。由此可见，查询表达式是时态意图识别的理想特征来源，然而，现有研究存在如下两个问题：仅分别汇报各研究中所选取的查询表达特征及利用所选取特征实现时态意图识别的最终结果，而未探讨所选取查询表达式特征对时态意图识别的有效性；多数研究只采用有监督分类算法，未对比分析采用相同特征时不同分类算法的识别准确度。

鉴于此，本书对基于查询表达式的时态意图识别研究进行归纳总结，将从查询表达式中抽取的特征按照其与时间的关联性归为与时间无关特征、潜在时间特征与显式时间特征三类；在此基础上，基于 TQIC 的时态意图分类体系（过去类、现在类、未来类、无关类），采用有监督分类算法及半监督分类算法，探讨不同类别的特征组合进行时态意图识别的有效性及采用不同分类算法的识别准确度。最终希望本书研究结果能对后续时态信息检索的研究提供一定的借鉴与指导。

5.2 查询表达式特征归类与分类算法选择

5.2.1 查询表达式特征归类

将相关研究中涉及的查询表达式特征根据其与时间关联性的强弱，归为与时间无关的特征、显式时间特征及潜在时间特征三类。

1）与时间无关特征。

指无法体现“时间”的通用特征，主要包括：

（1）查询长度特征。即查询包含的词项个数（Shah et al.，2014）。用户为表明对检索结果时间的需求，可能在查询表达式中加入与时间相关的限定词，导致查询长度的增加。例如查询“Martin Luther King Day”（马丁·路德·金纪念日）可返回关于该纪念日在多个时间段的相关信息，为明确查找 2013 年的相关信息，可在原查询的基础上添加年份信息“2013”，将查询表达式修改为“Martin Luther King Day 2013”，最终查询长度增加，查询意图更加明确。

（2）实体特征。即查询中是否包含人名、机构名、地址等实体信息（Yu et al.，2014）。实体蕴含一定的时间信息，例如与实体相关事件的发生时间等。以人名实体“Neil Armstrong”为例，关于该人物的检索结果应多集中于他所生活的时间段。

2）显式时间特征。

指查询中包含明显的与“时间”有关的特征，主要包括：

（1）年份信息特征（Shah et al.，2014）。年份信息限定查询结果对应信息的时间范围，例如查询“movies 2012”（电影 2012）只查找与 2012 年相关的电影。

（2）核心动词时态特征（Yu et al.，2014）。核心动词指主句中的动词。在英文中，动词的时态能表示行为发生的时间（过去、现在、未来），然而从句使得一个句子中可能包含多个动词，例如“When did Neil Armstrong die”（尼尔·阿姆斯特朗何时逝世）中包含“did”与“die”两个动词，一个为过去时、一个为现在时，根据语法规则，只有主句中动词（did）的时态才能指示行为发生的时间（过去时）。因此，需先识别查询的句法结构，分清主句与从句，在此基础上识别核心动词（主句中动词），并将该核心动词的时态作为特征。

（3）时间关键词（Dominant Keyword）特征（Filannino et al.，2014）。时间关键词指属于某一时间类别中查询中反复出现的词项，可将查询所包含时间关键词的时间类别作为查询的时态意图类别。例如对于未来类的查询而言，包含时间关键词“will”、“forecast”、“shall”、“upcoming”或“next”的查询属于“未来类”的几率会很大。

3）潜在时间特征。

潜在时间特征指该查询包含一些时间特征，但是需要借助一定的手段与方法分辨该特征的时间属性，主要包括：

（1）查询时间差特征（Yu et al.，2014；Filannino et al.，2014；Hasanuzzaman et al.，2014）。它指查询中的时间表达式所指代时间（查询包含的时间）与当前时间（查询提交至搜索引擎的时间）在时间测度上的差值。差值的正、零、负值可对应于时态意图分类体系中的“过去类”“现在类”“未来类”。例如，查询“Martin Luther King Day 2013”（马丁·路德·金纪念日2013）中所包含的时间为2013年，假设查询提交的时间为2015年，则查询时间差为−2年，在一定程度上可判断该查询的时态意图为“过去类”；假设查询提交的时间为2013年，则查询时间差为0年，在一定程度上可判断该查询的时态意图为“现在类”。

（2）查询词项的时态特征（Burghartz et al.，2014；Hasanuzzaman et al.，2014），即查询词项属于某一时态类别的概率值（获取方法参见4.2节）。查询词项的时态类别在一定程度上能反映该查询的时态，即查询的时态意图可由查询词所属时态类别体现，以查询“weather today”（天气 今天）为例，查询词项“今天”与“天气”属于“现在类”的概率高，故该查询属于“现在类”的概率高。

5.2.2 查询自动分类算法选择

本书任务是依据查询的时态意图将查询分为过去类、现在类、未来类、与时间无关类四类。根据输入训练数据的标注程度，自动分类算法可分为有监督分类和半监督分类。两者均需区分训练数据与测试数据，并将依据某个分类体系标注过类别的数据作为训练数据，然后在训练数据上训练模型，最终利用该模型将未标记类别的测试数据自动分类至该分类体系中的某个类别；与有监督分类相比，半监督分类还可以将未标记数据作为训练数据。半监督分类中未标记的训练数据越多，分类器的泛化能力越强。

5.3 实验数据与实验构建

5.3.1 实验数据介绍及预处理

本实验采用以下两个数据集。

（1）TQIC 查询数据：TQIC 于 2014 年 5 月 9 日发布的 300 条英文查询①，示例如图 5－1 所示。

```
<query>
        <id>004</id>
        <query_string>price of samsung galaxy note</query_string>
        <query_issue_time>May 1, 2013 GMT+0</query_issue_time>
        <temporal_class>recency</temporal_class>
</query>
```

图 5－1　TQIC 查询数据示例

每一条数据记录以下信息：查询的唯一编号（Id）；查询表达式（Query _ String）；查询提交至搜索引擎的时间（Query _ Issue _ Time）；基于 TQIC 分类体系的人工标注时态意图类别（Temporal _ Class）。

（2）AOL 日志数据②：2006 年 3 月 1 日—2006 年 5 月 31 日连续三个月的查询日志，示例如图 5－2 所示。

① http://research.nii.ac.jp/ntcir/permission/ntcir－11/perm-en-Temporalia.html.

② http://www.cim.mcgill.ca/~dudek/206/Logs/AOL-user-ct-collection/.

```
AnonID  Query    QueryTime    ItemRank    ClickURL
53  mapquest     2006-03-01 15:18:21 1    http://www.mapquest.com
66  cajun candle     2006-03-01 13:20:18 1    http://www.cajuncandles.com
66  candle jars 2006-03-01 13:22:29 1    http://www.sks-bottle.com
66  muic.com     2006-03-01 22:42:05
66  i need a company name    2006-03-02 12:32:59
```

图 5－2　AOL 日志数据的三条示例

每一条数据从左到右分别记录以下信息：用户 ID；查询表达式；查询提交至搜索引擎的时间；该 URL 在返回结果中的排名；用户点击的 URL。

本实验只需要考虑查询表达式、查询提交至搜索引擎的时间以及人工标注后的时态意图类别三类信息。其中，前两类信息均包含于两个数据集，是有监督分类与无监督分类必须使用的信息；最后一类信息只包含于 TQIC 查询数据，是有监督分类必须使用的信息，而非无监督分类必须使用的信息。相较于文本数据，查询为短文本，需预处理的内容较少，针对以上两个数据集，将查询转化为小写，去除标点符号，最后以文本格式存储，以方便后续的特征抽取。

5.3.2　特征抽取

根据实验操作中特征的不同记录方式，3.1 节所述的三类七种查询表达式特征可具体为 19 个特征，为便于后文描述，将上述 19 个特征分为 A、B、C、D、E 与 F 六个特征组，见表 5－1。

表 5－1　本书所抽取的查询表达式特征

特征类别	分组编号	特征名	特征不同记录形式的编号	特征说明
与时间无关特征	A	实体	1	实体的数目
		查询长度	10	词项的数目
显式时间特征	B	年份信息	11	是否包含年份信息
	C	核心动词的时态	6	动词的数目
			7	为过去时的核心动词数目
			8	为现在时的核心动词数目
			9	为未来时的核心动词数目
	E	时间关键词	12	过去类时间关键词的数目
			13	现在类时间关键词的数目
			14	未来类时间关键词的数目
			15	时间指代不明的词项数目

续表5－1

特征类别	分组编号	特征名	特征不同记录形式的编号	特征说明
潜在时间特征	D	查询时间差	2	查询所表达的时间点数目
			3	指向过去的时间差数目
			4	指向现在的时间差数目
			5	指向未来的时间差数目
	F	查询词项的时态	16	属于过去类的词项数目
			17	属于现在类的词项数目
			18	属于未来类的词项数目
			19	属于与时间无关类的词项数目

注：各个特征抽取的实验进度不同，因此表中编号未按前文所述的顺序，而是按照实验抽取顺序编号。

笔者使用 Stanford NLP 工具集①抽取表 5－1 中特征，涉及分词、实体抽取、句法分析、词项标注、时间表达式抽取等步骤。其中，特征组 E 包含的时间关键词特征借助文献（Shah et al.，2014）中的词典抽取；特征组 F 包含的查询词项的时态概率借助 TempoWordNet 词典（TWnH－1.0 版）② 抽取，该词典基于 WordNet（Miler et al.，1995），对收录的每一个词汇均标注了其属于“过去类”“现在类”“未来类”“无关类”的概率。

5.3.3 实验构建

构建一个基准实验（Baseline）的特征组合以及多个对照组实验的特征组合，在相同特征组合上，分别使用 SVMlin③ 与 LIBSVM④ 实现半监督算法与有监督算法。对于 SVMlin，将 TQIC 中随机抽取的 80 条数据及 AOL 中随机抽取的 10000 条数据作为训练数据，将 TQIC 剩余的 220 条数据作为测试数据；对于 LIBSVM，以 10 折交叉检验的方式训练参数，最终展示分类器 10 折交叉检验准确率的平均值。针对每类分类算法（SVMlin 或 LIBSVM），均采用一对多的分类思想构建分类器，即针对每一个时态意图类别构造一个二值分

① http://nlp.stanford.edu/software/index.shtml.

② https://tempowordnet.greyc.fr/download_TWn.html.

③ http://vikas.sindhwani.org/svmlin.html.

④ https://www.csie.ntu.edu.tw/~cjlin/libsvm/.

类器，因此共构造四个二值分类器。与 TQIC 任务测评要求一致，分类器效果通过分类准确率（Accuracy），即被分对的样本数除以所有样本数（Sokolova et al.，2009）测评，主要包括单类分类准确率和平均分类准确率两个指标，前者指单个二值分类器的准确率，后者指四个二值分类器的准确率平均值。

1）基准实验的特征组合构建。

根据研究目的，基准实验的构建需满足以下两个原则：

（1）为探讨三类查询表达式特征的有效性，基准实验组需包含三类查询表达式特征；（2）为探讨时态意图识别的准确度，基准实验组需为已有研究中最优结果。

在所有基于 TQIC 的测评研究中，文献（Yu et al.，2014）的平均分类准确率最高（Joho et al.，2014），且其所抽取的三种特征（1、C、D）分别对应三类查询表达式特征，因此特征组合（1+C+D）可直接作为基准实验组。为减少后文的对照实验组数，在特征组合（1+C+D）的基础上加入查询长度特征（编号 10），从而构建一个新的特征组合（A+C+D）。随后基于 TQIC 分类体系，在以上两个特征组合下分别采用 SVMlin 与 LIBSVM 进行时态意图识别，结果如表 5-2 所示。

表 5-2　时态意图识别初始实验结果

特征组合	SVMlin					LIBSVM				
	过去	现在	未来	无关	平均	过去	现在	未来	无关	平均
1+C+D	0.764	0.755	0.777	0.746	0.760	0.840	0.777	0.803	0.767	0.797
A+C+D	0.818	0.736	0.741	0.741	0.759	0.840	0.777	0.803	0.770	0.798

注：因特征处理的细节及抽样样本不同，本实验重现的结果与原文略有不同。

使用 SVMlin 时，采用（1+C+D）的准确度略高于采用（A+C+D）的准确度，但是采用基于（A+C+D）的 LIBSVM 准确度在以上所有实验组中最高，因此本书使用特征组合（A+C+D）的实验结果作为基准实验。

2）对照组实验的特征组合构建。

为验证不同类别查询表达特征的有效性，构建三个对照实验的特征组合，具体如表 5-3 所示。

表 5-3　对照实验的特征组合

特征组合	说明	特征组合实例
显式时间特征组合	显式时间特征的三组特征（B、C、E）中任一两组的组合	B+C、B+E、C+E、B+C+E
显式时间特征与潜在时间特征混合组合	在任一显式时间特征组合基础上，加入潜在时间特征（D、F）的组合	以显式时间特征组合 B+C 为例，可行的组合为：B+C+D、B+C+F、B+C+D+F
三类特征组合	分别选取上述两个类特征组合中的最优组合，在此基础上，加入与时间无关类特征组 A	

5.4　实验结果分析

5.4.1　基于不同特征组合下的时态意图识别效果

1）显式时间特征组合的时态意图识别结果。

四个显式时间特征组合（B+C，B+E，C+E，B+C+E）下分别采用 SVMlin 及 LIBSVM 的时态意图识别结果如图 5-3 所示。

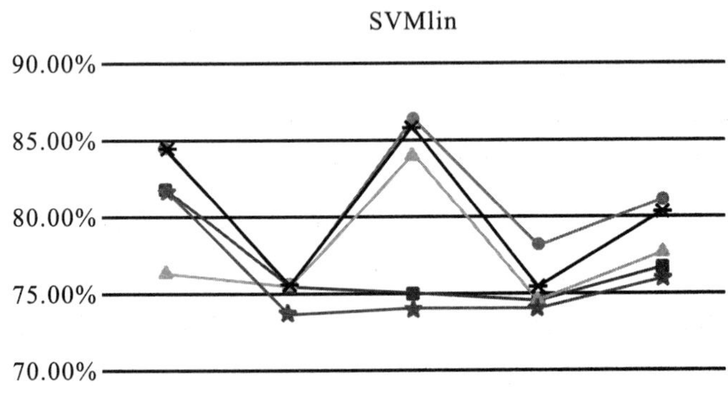

	过去	现在	未来	无关	平均
Baseline	81.82%	73.64%	74.09%	74.09%	75.91%
B+C	76.36%	75.45%	84.09%	74.55%	77.61%
B+E	84.55%	75.45%	85.91%	75.45%	80.34%
C+E	81.82%	75.45%	75.00%	74.55%	76.70%
B+C+E(BEST)	84.55%	75.45%	86.36%	78.18%	81.14%

Baseline　B+C　B+E　C+E　B+C+E(BEST)

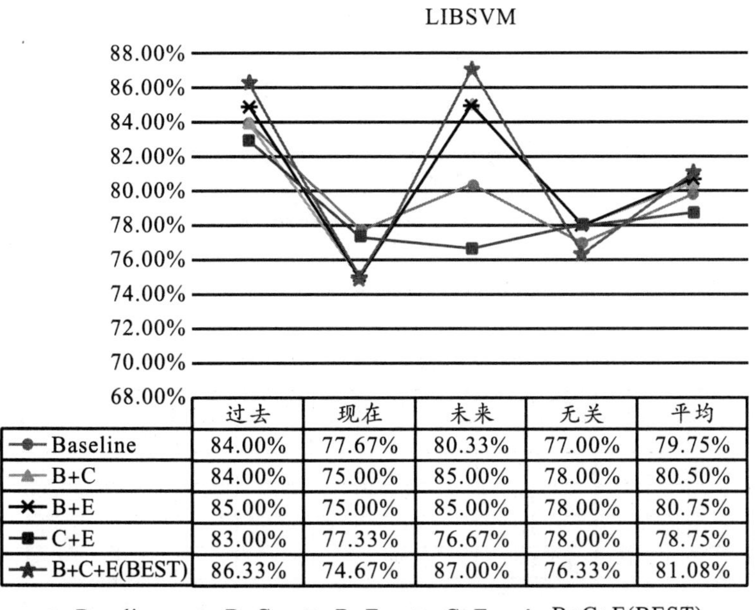

	过去	现在	未来	无关	平均
Baseline	84.00%	77.67%	80.33%	77.00%	79.75%
B+C	84.00%	75.00%	85.00%	78.00%	80.50%
B+E	85.00%	75.00%	85.00%	78.00%	80.75%
C+E	83.00%	77.33%	76.67%	78.00%	78.75%
B+C+E(BEST)	86.33%	74.67%	87.00%	76.33%	81.08%

图 5－3　显式时间特征组合的时态意图识别实验结果

从图 5－3 可知，SVMlin 与 LIBSVM 的实验结果基本一致。对于平均分类准确率而言，Baseline 与 C+E 组较差，其他三组（B+C，B+E，B+C+E）优于 Baseline；B+C+E 最优（81.14%），且双尾 T 检验结果表明只有 B+C+E 组对于 Baseline 结果有显著提高（$p=0.048<0.05$）。实验效果最优的特征组合 B+C+E 与 C+E 组相比，表明查询是否包含年份信息的特征 B，故可说明特征 B（是否包含年份信息）是时态意图识别的强特征；对于单类的分类准确率，所有实验组的“过去类”与“未来类”分类效果均明显优于“现在类”与“无关类”。因本实验中 B+C+E 的实验结果最优，后文以“BEST”指代该组合。

2）显式时间特征与潜在时间特征组合的时态意图识别结果。

测试潜在时间特征组合 D+F，随后测试显式时间特征与潜在时间特征混合组合（表 5－3），采用 SVMlin 及 LIBSVM 的实验结果分别如图 5－4 和图 5－5 所示。

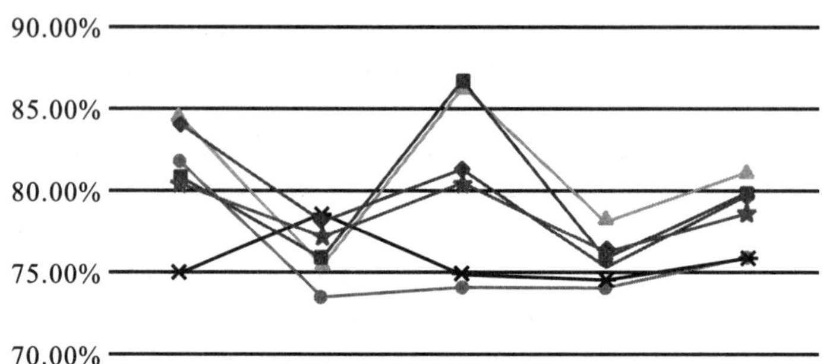

	过去	现在	未来	无关	平均
Baseline	81.82%	73.64%	74.09%	74.09%	75.91%
BEST	84.55%	75.45%	86.36%	78.18%	81.14%
D+F	75.00%	78.64%	75.00%	74.55%	76.00%
B+E+D	84.09%	78.18%	81.36%	75.45%	79.77%
B+E+F	80.91%	75.91%	86.82%	75.91%	79.89%
B+E+D+F	80.45%	77.27%	80.45%	76.36%	78.64%

Baseline BEST D+F B+E+D B+E+F B+E+D+F

a. B+E

90.00%
85.00%
80.00%
75.00%
70.00%
65.00%

	过去	现在	未来	无关	平均
Baseline	81.82%	73.64%	74.09%	74.09%	75.91%
BEST	84.55%	75.45%	86.36%	78.18%	81.14%
D+F	75.00%	78.64%	75.00%	74.55%	76.00%
B+C+D	76.36%	77.73%	78.64%	74.55%	76.82%
B+C+F	81.36%	73.64%	84.09%	75.45%	78.64%
B+C+D+F	81.36%	73.64%	78.64%	75.91%	77.39%

Baseline BEST D+F B+E+D B+E+F B+E+D+F

b. B+C

图 5—4　显式时间特征与潜在时间特征混合组合的时态意图 SVMlin 识别实验结果

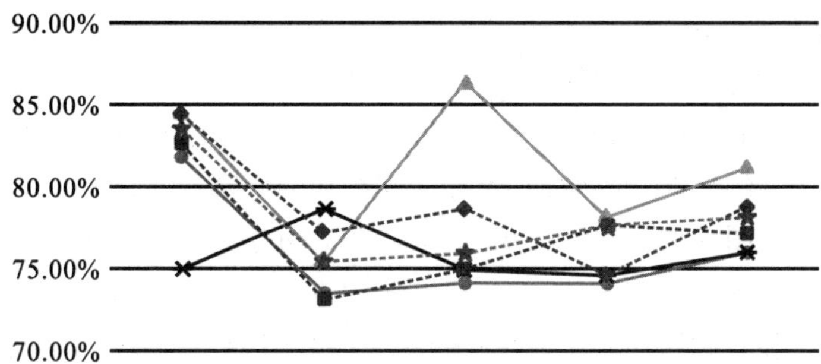

	过去	现在	未来	无关	平均
Baseline	81.82%	73.64%	74.09%	74.09%	75.91%
BEST	84.55%	75.45%	86.36%	78.18%	81.14%
D+F	75.00%	78.64%	75.00%	74.55%	76.00%
C+E+D	84.55%	77.27%	78.64%	74.55%	78.75%
C+E+F	82.73%	73.18%	75.00%	77.73%	77.16%
C+E+D+F	83.64%	75.45%	75.91%	77.73%	78.18%

c. C+E

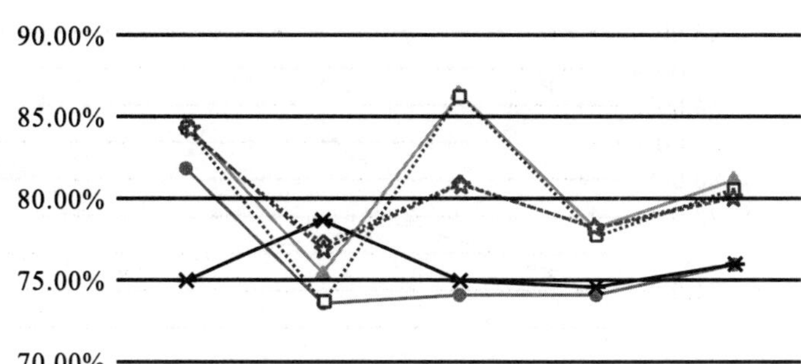

	过去	现在	未来	无关	平均
Baseline	81.82%	73.64%	74.09%	74.09%	75.91%
BEST	84.55%	75.45%	86.36%	78.18%	81.14%
D+F	75.00%	78.64%	75.00%	74.55%	76.00%
B+C+E+D	84.09%	77.27%	80.91%	78.18%	80.11%
B+C+E+F	84.55%	73.64%	86.36%	77.73%	80.57%
B+C+E+D+F	84.09%	76.82%	80.91%	78.18%	80.00%

d. B+C+E

图 5-4（续）

（1）潜在时间特征组合（D+F）与 Baseline 对比：对于平均分类准确率，

D+F与 Baseline 相似，但是采用 D+F“现在类”的分类准确率明显高于 Baseline，“过去类”的分类准确率低于 Baseline。

（2）显式时间特征与潜在时间特征混合组合与 Baseline 对比：前者相对 Baseline 均有提升，但因使用潜在时间特征的不同，提升的效果也有差异。如图 5—5a 、图 5—5b、图 5—5d 所示，在平均分类以及“过去类”的准确率提升上，仅加入 F 的混合特征组合明显优于加入 D 或共同加入 D 和 F。

（3）显式时间特征与潜在时间特征混合组合与潜在时间组合（D+F）对比：前者的平均分类准确率均高于潜在时间特征组合，且在“过去类”“未来类”“无关类”的准确率上均有明显提高，而在“过去类”的分类准确率不及 D+F 组合。

（4）显式时间特征与潜在时间特征混合组合与显式时间特征组合（BEST）对比：前者对于 BEST 组而言，平均分类准确率稍有下降，且除了“过去类”的分类准确率均低于 BEST；结合图 5—3 实验结果，可知虽然显式时间特征与潜在时间特征的组合能提高仅采用潜在时间特征组合的平均分类准确率，但不及仅采用显式时间特征组合的平均分类准确率。

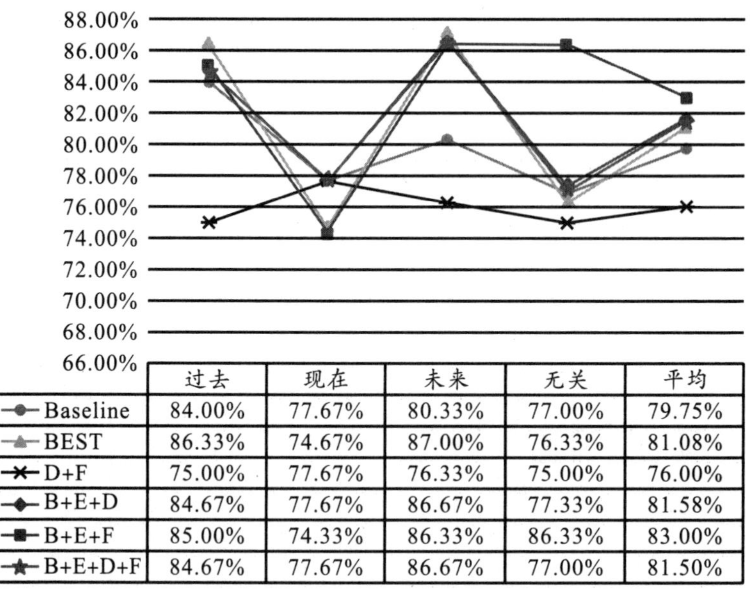

	过去	现在	未来	无关	平均
Baseline	84.00%	77.67%	80.33%	77.00%	79.75%
BEST	86.33%	74.67%	87.00%	76.33%	81.08%
D+F	75.00%	77.67%	76.33%	75.00%	76.00%
B+E+D	84.67%	77.67%	86.67%	77.33%	81.58%
B+E+F	85.00%	74.33%	86.33%	86.33%	83.00%
B+E+D+F	84.67%	77.67%	86.67%	77.00%	81.50%

a. B+E

图 5—5　显式时间特征与潜在时间特征混合组合的时态意图 LIBSVM 识别实验结果

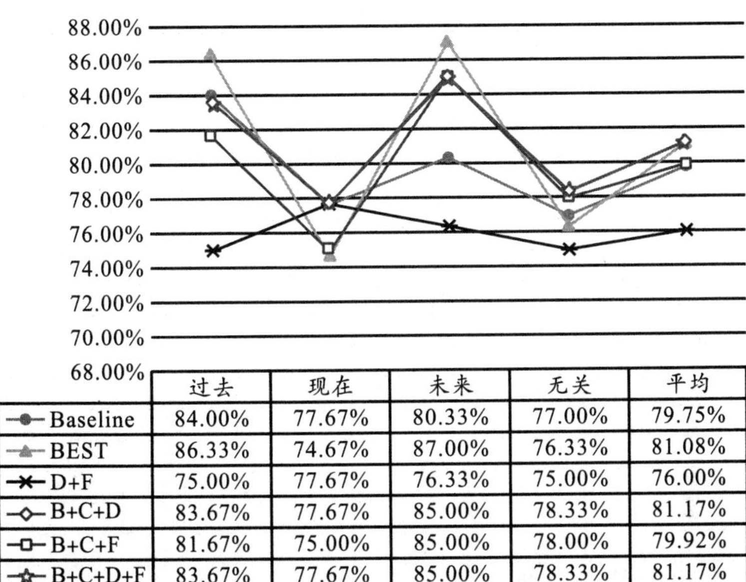

	过去	现在	未来	无关	平均
Baseline	84.00%	77.67%	80.33%	77.00%	79.75%
BEST	86.33%	74.67%	87.00%	76.33%	81.08%
D+F	75.00%	77.67%	76.33%	75.00%	76.00%
B+C+D	83.67%	77.67%	85.00%	78.33%	81.17%
B+C+F	81.67%	75.00%	85.00%	78.00%	79.92%
B+C+D+F	83.67%	77.67%	85.00%	78.33%	81.17%

b. B+C

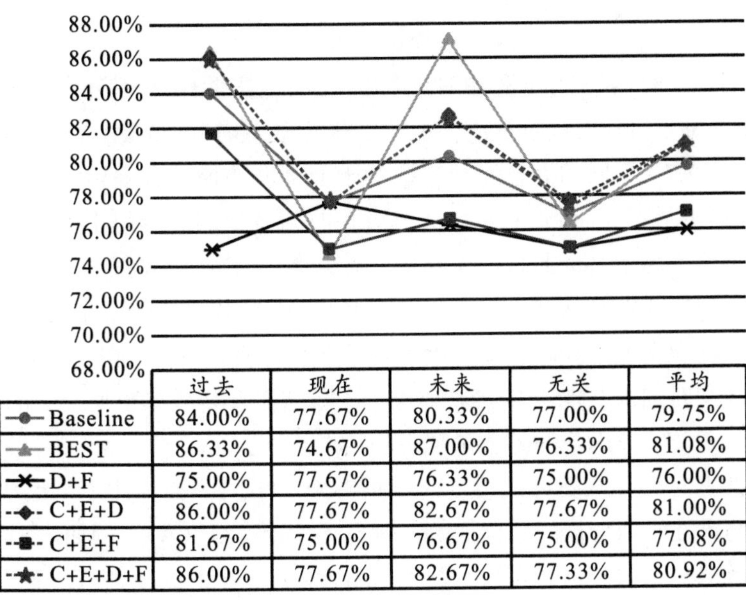

	过去	现在	未来	无关	平均
Baseline	84.00%	77.67%	80.33%	77.00%	79.75%
BEST	86.33%	74.67%	87.00%	76.33%	81.08%
D+F	75.00%	77.67%	76.33%	75.00%	76.00%
C+E+D	86.00%	77.67%	82.67%	77.67%	81.00%
C+E+F	81.67%	75.00%	76.67%	75.00%	77.08%
C+E+D+F	86.00%	77.67%	82.67%	77.33%	80.92%

c. C+E

图 5–5（续）

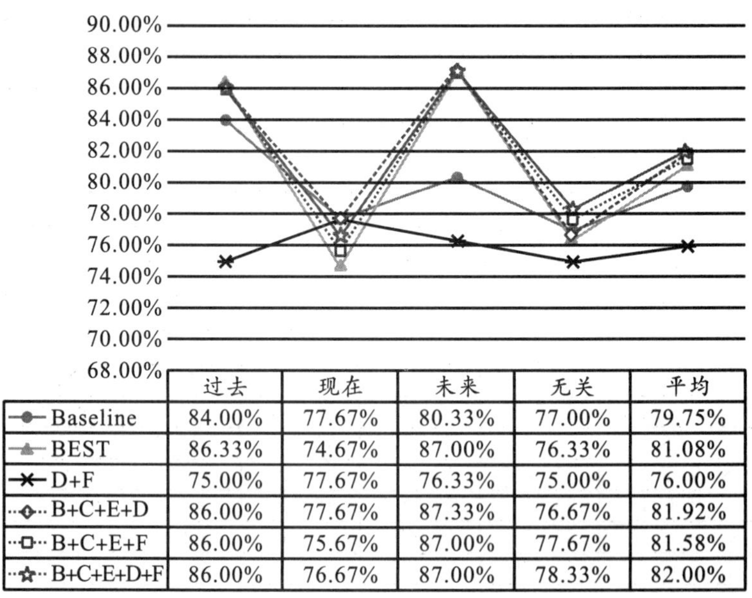

	过去	现在	未来	无关	平均
Baseline	84.00%	77.67%	80.33%	77.00%	79.75%
BEST	86.33%	74.67%	87.00%	76.33%	81.08%
D+F	75.00%	77.67%	76.33%	75.00%	76.00%
B+C+E+D	86.00%	77.67%	87.33%	76.67%	81.92%
B+C+E+F	86.00%	75.67%	87.00%	77.67%	81.58%
B+C+E+D+F	86.00%	76.67%	87.00%	78.33%	82.00%

d. B+C+E

图 5−5（续）

采用显式时间特征与潜在时间特征的混合实验组平均分类准确率高于Baseline，高于潜在时间特征组，但不及采用显式时间特征组合；在显式时间特征组合中加入不同的潜在时间特征对于准确度的提升有差异。图 5−5 与图 5−4 不同的结论为：显式时间特征与潜在时间特征的混合组中 B+E+F 的平均分类准确率高于 BEST 组，尤其是“无关类”的准确率高于 BEST 组的准确率，然而双尾 T 检验表示 B+E+F 组、Baseline 组以及 BEST 组之间并没有显著差异，即识别效果提高有差异但不具显著性；相对而言，在显式时间特征组的基础上同时加入 D 与 F 的实验效果优于单独加入 D 或单独加入 F 的实验组。

（3）三类特征组合的时态意图识别结果。

根据表 5−3，三类特征组合时，只考虑了不同分类算法下，最优显式时间特征与潜在时间特征的组合加上与时态无关特征组（A）。例如，SVMlin 实验中组合 B+C+E+F 识别效果最优，LIBSVM 实验中组合 B+E+F 识别效果最优，因此针对 SVMlin 与 LIBSVM，本部分实验只考虑 A+B+C+E+F 和 A+B+E+F。时态意图识别的实验结果如图 5−6 所示。

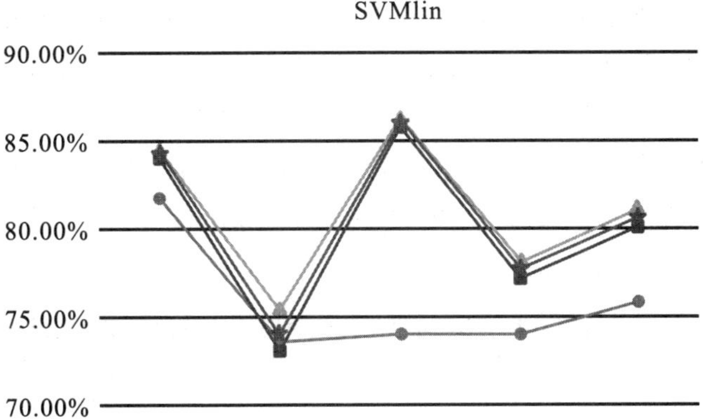

65.00%	过去	现在	未来	无关	平均
—●— Baseline	81.82%	73.64%	74.09%	74.09%	75.91%
—▲— B+C+E(BEST)	84.55%	75.45%	86.36%	78.18%	81.14%
—■— A+B+C+E	84.09%	73.18%	85.91%	77.27%	80.11%
—★— A+B+C+E+F	84.55%	74.09%	86.36%	77.73%	80.68%

—●— Baseline —▲— B+C+E(BEST) —■— A+B+C+E —★— A+B+C+E+F

a. SVMlin

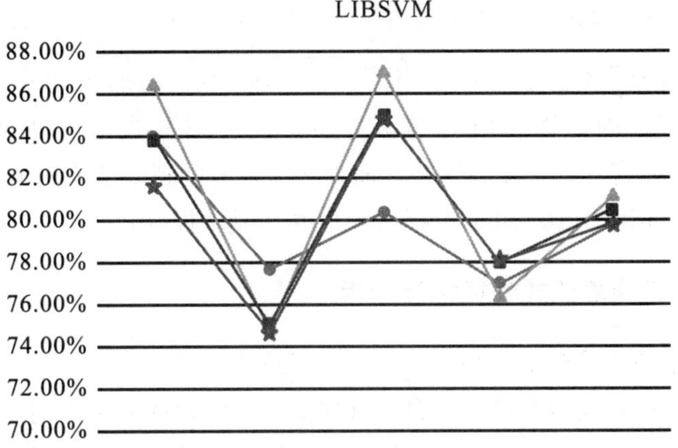

68.00%	过去	现在	未来	无关	平均
—●— Baseline	84.00%	77.67%	80.33%	77.00%	79.75%
—▲— B+C+E(BEST)	86.33%	74.67%	87.00%	76.33%	81.08%
—■— A+B+C+E	84%	75%	85%	78%	80.50%
—★— A+B+E+F	81.67%	74.67%	85%	78%	79.83%

—●— Baseline —▲— B+C+E(BEST) —■— A+B+C+E —★— A+B+E+F

b. LIBSVM

图 5-6　三类特征组合的时态意图识别实验结果

虽然其他实验组相对 Baseline 在平均分类准确率上均有提升，但是 BEST 组的平均分类准确率依然最优。就单类的分类准确率而言，使用 SVMlin 时，单类的分类准确率均有提高，尤其是“未来类”及“无关类”提升很明显；在使用 LIBSVM 时，只有“未来类”的分类准确率提升效果较为明显，BEST 组“现在类”及“无关类”的分类准确度反而较低。针对图 5-6 中实验结果的双尾检验 p 值见表 5-4。

表 5-4　三类特征组合的时态意图识别双尾检验结果

特征组合	Baseline	
	SVMlin	LIBSVM
B+C+E（BEST）	0.048	0.456
A+B+C+E	0.110	0.559
A+B+C+E+F	0.076	—
A+B+E+F	—	0.954

注：因 SVMlin 与 LIBSVM 只分别考虑 A+B+C+E+F 与 A+B+E+F，未对 SVMlin 下特征组合 A+B+E+F 的结果与 Baseline 结果进行双尾检验，也未对 LIBSVM 下特征组合 A+B+C+E+F 的结果与 Baseline 结果做双尾检验，故表中以“—”表示结果。

在两种分类器下，只有 BEST 组与 Baseline 组的 p 值小于 0.05，即具有显著差异。因此综合所有结果来看，仅考虑显式时间特征的组合相较于 Baseline 而言，具有显著提升，而加入潜在时间特征或者时间无关特征的实验结果虽然相对于 Baseline 有提升，但并非显著提升。

5.4.2　查询表达式特征统计分析

由上述实验结果可知，部分查询表达式特征组合用于时态意图识别的效果优于其他查询表达式特征组合，针对实验中涉及的五组查询表达式特征进行深入分析。各查询表达式特征统计结果如图 5-7 所示，图中虚线表示 19 个特征的平均占比，为 26.79%。

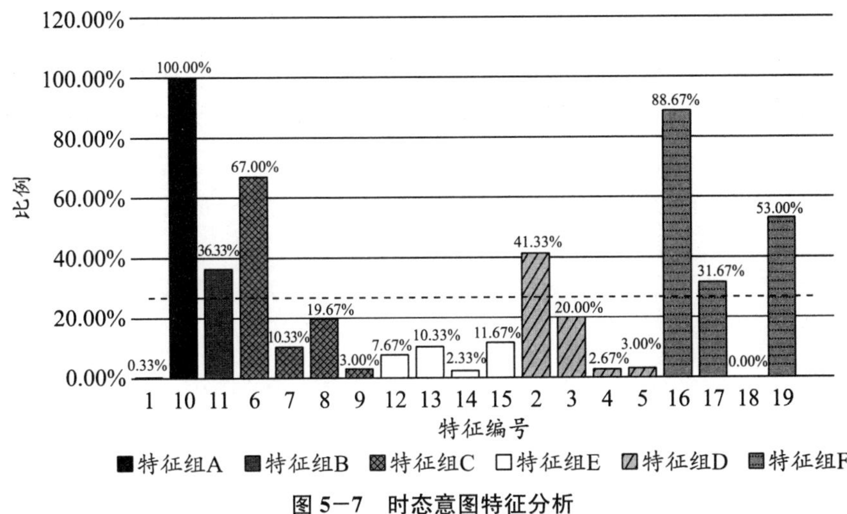

图 5—7　时态意图特征分析

部分特征占比偏高，如特征 10（100%）与特征 16（88.67%）；部分特征占比几乎可以忽略不计，如特征 1（0.33%）与特征 18（0.00%）。按平均准确率由高到低，分别基于上述三类时态意图识别的结果排序为显式时间特征>潜在时间特征>时间无关特征组，该排序与三类特征按照包含特征平均占比由低到高的排序相同：显式时间特征（B+C+E，18.70%）>潜在时间特征（D+F，30.04%）>时间无关特征组（A，50.17%），即采用特征占比越低的特征组用于时态意图识别的准确度越高。笔者认为此现象的可能解释为：特征出现频率越高，说明该特征是普遍特征，因此区分度较低，在分类实验中有效性较差；但是若出现频率过低，则说明该特征几乎不存在于本实验所选用的具有时态意图的查询集合中，因此区分度也会较低，在分类实验中有效性较差。因此，较为理想的分类特征出现频率不能过高也不能过低。

5.5　研究小结

针对时态意图识别问题，本书以查询表达式的特征为例，按照其与时间的关联性归为与时间无关特征、显式时间特征以及潜在时间特征三类，根据不同的特征组合分别使用有监督分类器和半监督分类器探讨上述三类特征的识别有效性，最终实现的时态意图识别结果优于同类任务测评的成果，平均分类准确率最高可达 81.14%。尽管如此，本书仍存在一些不足，这也是笔者需要进一步探讨的内容：（1）本书的实验数据只有 300 条查询，可考虑自建一个较大的数据集，在此基础上验证结论的有效性；（2）本书主要考虑已有的查询表达式特征，未提出用于时态意图识别的新特征，后续研究需提出新的特征，进一步探讨如何提升时态意图识别的平均分类准确率；（3）采用本书方法准确识别时态意图的基础上，可考虑优化检索结果列表，实现近因敏感排序或时间依赖性排序。

6　基于上下文与时间特征的新闻意图自动识别研究

6.1　引言

据报道，约有 10%的网络搜索查询与当前新闻事件有关（Bar-Ilan et al.，2009）。为了更好地支持新闻信息需求，现代搜索引擎（如 Google 和 Bing）已将新闻内容融合到搜索结果中。新闻结果占据了“常规”搜索结果的空间，对搜索查询的新闻意图的误解会损害用户的搜索体验。因此，预测搜索查询的新闻意图是很重要的，它为一般搜索引擎决定是否将新闻内容融合到搜索结果中或仅为非新闻结果提供指导。需指出的是，本书将具有新闻意图的查询命名为新闻查询，反之命名为非新闻查询。然而，自动预测搜索查询的新闻意图是一个挑战，主要有两方面原因。首先，能直接从查询字符串和发出查询的用户中获得的信息比较有限。其次，在理想情况下，预测应该接近实时。常见的方法是将新闻意图预测问题视为分类问题，通过提取并选择一组有效的分类特征来获得更好的预测准确度。因此，特征提取在新闻意图预测中发挥重要作用。

现有的方法试图从社交媒体（如维基百科、推特和博客）或新闻数据集中提取分类特征，并且每次至少使用其中两个数据资源。虽然该方法能够产生合理的预测性能，但是对这些资源的抓取、解析和集成需要太多的计算资源，尤其重要的是这些数据资源很难获得。因此，本书希望探索可以快速计算的新特征。由于用户的查询日志及其在搜索引擎结果页上的行为可以为提取这些特征提供有用的资源，笔者认为查询日志可被用于新闻意图的预测。此外，笔者认为支持同一搜索引擎在同一搜索场景下的用户日志，可以更准确地分类新闻意图，同时通过分析用户的查询点击记录和查询重构历史，可以获得用户当时意图的一些提示。为证明假设的正确性，笔者对真实世界的查询日志进行了一系列实验，考虑到查询日志的易用性，笔者重点关注中文搜索引擎。

搜索查询的新闻意图意味着查询与当前有新闻价值的事件相关，新闻意图预测是预测查询是否与正在进行或实时的事件相关（Louis et al.，2011）。这里的事件是指“在特定时间特定地点发生的事情，并以特定术语标记”（Ruocco et al.，2012）。因此，如果查询具有新闻意图，则该查询可能与事件的某些因素相关，例如命名实体（如人、地点和组织）、主题词（帮助描述事件主题的特定术语）和时间信息。本书将这些因素归纳为两类：基于上下文的特征和基于时间的特征。前者基于查询字符串和文本上下文（例如，查询字符串中包含的命名实体和单击的结果），其中出现了查询关键字。后者跟踪语料库频率（查询在查询日志中随时间发生的次数），并量化点击结果的时间分布。总之，本书通过提出适当的方法来解决新闻意图预测的问题，直接从一般搜索引擎查询日志中提取不同的上下文和时间特征集，而不使用社交媒体（如维基百科、推特和博客）和新闻数据集等大型语料库。本书的主要贡献体现在以下三个方面：

（1）建立了一个正确标记新闻和非新闻查询的真实数据集，该数据集可以在类似的任务中重用。此外，本书对新闻/非新闻查询的搜索主题分布进行了详细的分析。

（2）提出了两个新的上下文特征和一个时间特征用于新闻意图分类，包括在查询会话中命名实体和主题词之间的共现性、点击结果之间的主题相似性和从查询日志中提取的时间爆发点。

（3）深入分析了本书提出的上下文特征和时间特征与先前提出的特征相结合的有效性，结果表明本书提出的新特征对预测查询的新闻意图均具有积极作用，且新闻意图的预测准确率较高。

6.2 相关研究

新闻意图预测的研究包括以下三个方面：（1）搜索查询的新闻意图预测；（2）新近度查询的识别；（3）基于上下文和时间特征的事件检测。

6.2.1 搜索查询的新闻意图预测

先前关于新闻意图预测的工作已经引入了许多特征，这些特征主要是从社交媒体（如维基百科、推特和博客）或新闻数据集中挖掘出来的，并且每次至少使用其中两个数据资源。例如，Diaz 提出了一种用于新闻意图预测的机器学习方法（Diaz F，2009）。这种方法使用从新闻文章中提取的特征和从过去的网络和新闻垂直查询日志中提取的附加查询特征来训练初始模型，并且随着时间的推移，进一步运用用户的后续点击来增强模型。结果表明，搜索查询日志与用户反馈相结合是确定查询新闻相关性的有效资源。Arguello 等（Arguello et al.，2009）对 Daiz 的方法进行了扩展，通过从每个垂直方向提取特征来构建分类模型。Konig 等（König et al.，2009）也研究了一种机器学习查询分类器，用于确定新闻意图。他们建议使用查询的附加特征（即查询长度和查询词），以及描述查询词在博客、新闻专线和维基百科语料库中的分布特征。Louis 等（Louis et al.，2011）探索了利用查询相似度来改进新闻意图预测的方法。他们根据点击新闻和博客页面的 URL、标题和摘要计算了查询之间的相似性。McCreadie 等（McCreadie et al.，2013）进行了一项用户研究，以调查如何（何时何地）融合来自新闻专线、博客、推特和维基百科的新闻相关内容。他们的研究结果进一步显示了使用社交媒体提供新闻查询的潜力。然而，由于计算成本高、资源获取困难等原因，社交媒体和新闻语料库难以被大规模使用。

纵观已有研究可知，仅使用查询日志而不使用社交媒体和新闻数据集来解决新闻意图识别的工作很少。例如，McCreadie 等（McCreadie et al.，2013）基于群体智慧思想，借助 Amazon's Turk 平台构建了人工标注新闻查询的平台，但未探讨如何在标注集的基础上实现新闻查询的自动识别。Hassan 等（Hassan et al.，2009）利用从一般搜索引擎的查询日志中提取的地理特征来识别新闻查询。首先利用查询日志中用户的 IP 地址来推断用户的具体地理位置，再利用查询中所出现的地名与查询者所处地理位置之间的关系来推断该查询是否具有新闻意图。但是，为了保护用户的隐私，大多数情况下很难从查询日志中获取用户的 IP 地址。尽管如此，该方法初步验证了在没有任何社交媒体和新闻数据集的情况下，使用综合搜索引擎查询日志来识别新闻意图的可行性。然而，该研究没有考虑基于上下文和基于时间的特征。

6.2.2 新近度查询自动识别

需要说明的是，新近度查询的识别也与本书的工作有关。特别地，新近度查询是那些发生在突发新闻或实时事件之后的查询（Moulahi et al.，2016；Joho et al.，2014）。因此，区分新近度查询与非近度查询的工作在某种意义上类似于新闻意图识别。NTCIR 的时间任务进一步推动了这一研究，并分析了一个给定的查询是否与时间（过去、近期或未来）有关。研究表明，基于机器学习的方法对新近度查询的识别效果最佳。例如，Sakaguchi 和 Kurohashi

（Sakaguchi et al.，2016）采用了一种有监督的机器学习方法，使用从纽约时报语料库中挖掘的词袋、POS 和词向量特征，同时结合关于时间和假日表达的知识来对查询进行分类。Li 等（Li et al.，2016）提出了触发词、词性、显式时间间隙和词的时间概率特征。陆伟和桂思思（Gui et al.，2016）从查询本身出发提出了 19 个特征。然而，由于难以获得相应的用户日志，上述方法没有利用能够表达用户真实意图的数据，进而影响了实时查询识别的准确性。

6.2.3 基于上下文和时间特征的事件检测

从 Web 文档和数据库中检测事件已经得到了广泛的研究（Ruocco et al.，2012；Allan et al.，1998；Brants et al.，2003）。由于每个事件通常具有一组命名实体（如人、地点和组织）、主题词（指描述事件主题的特定术语）和时间信息（Ruocco et al.，2012）的特征，这些信息被广泛用于事件检测。例如，Kumaran 和 Allan（Kumaran et al.，2004）通过计算新文章与其他旧文章的相似度来检测关于新事件的报道。命名实体的权重被提升到总体相似性得分，比不使用命名实体表现得更好。Fu 等（Fu et al.，2010）提出了一种新的事件检测算法，该算法更加强调新闻元素（如人物和地点）。Vavliakis（Vavliakis et al.，2013）将命名实体识别、动态主题图发现和主题聚类集成到一个统一的框架中。Sun 和 Hu（Sun et al.，2011）提出从两个并行文档流（即新闻和博客）中研究以查询为导向的事件检测。他们将用户查询、新闻文章和博客文章归类为与之相关的事件。Wei 等（Wei et al.，2014）开发了一种事件情节发现机制，用于组织与感兴趣事件相关的新闻文档。特别地，他们提出了两个新的基于时间的度量，可以成功地用于特征选择和文档表示。

上述方法试图从网页的文本信息中检测事件。此外，也有研究对网络查询日志进行了事件检测。例如，Zhao 等（Zhao et al.，2006）提出了一种两阶段聚类方法，该方法利用语义和时间相似性对与现实生活事件相对应的相似查询页面对进行分组。Chen 等（Chen et al.，2008）探索了使用查询会话作为事件指示器的方法。他们首先根据上下文和时间相似性将每个查询会话映射到流行空间，然后根据这两种相似性对查询会话进行分组，以表示事件。Parikh 和 Sundaresan（Parikh et al.，2008）通过使用来自大型电子商务系统的日常查询流研究了查询在突发事件检测中的作用。Zhang 等（Zhang et al.，2010）基于历史查询日志和训练过的分类器开发了搜索会话中的查询频率、点击信息和用户意图动态等特征，用以识别重复事件查询。Gu 等（Gu et al.，2010）首先出于效率考虑将整个查询日志数据划分为主题，然后将链接信息、时间信息和查询内容合并，以保证检测到的事件质量。

这些研究已经证明了使用命名实体、主题词和查询日志中的时间信息预测事件的有效性。与本书最相关的工作来自 Ghoreishi 和 Sun（Ghoreishi et al.，2013），他们从查询的一小部分搜索结果中确定了 20 个特征，包括上下文特征（包括命名实体和主题词）和时间特征，以预测其事件相关性。这些特征来源于查询的内容及其搜索引擎结果。其研究结果表明上下文特征和时间特征对于决定给定查询的事件相关性都很重要，这促使本书利用 Ghoreishi 和 Sun（Ghoreishi et al.，2013）在研究中提出的特征。然而，本书研究与上述研究存在以下三方面的不同：（1）构建了一个正确标记新闻和非新闻查询的 ground-truth 数据集；（2）利用点击的文档而不是搜索引擎结果页面中的所有文档；（3）提出了三个新特征。

6.3 数据集及其标注

为了进行新闻意图预测，需要建立一个真实的数据集合。本书从一般的搜索引擎中获得实验数据集，并手动标记其中的一个子集。

6.3.1 数据集介绍

研究表明，有三种合适的公开查询日志来支持查询意图识别实验：AOL 数据集（Zamora et al.，2014）、MSN 数据集（Brenes et al.，2009）和 Sogou 数据集（Liu et al.，2006）。本书采用 Sogou 数据集进行实验，主要包括如下原因。首先，查询的人工标注是查询分类中非常重要的一项任务，标注数据集的质量往往直接影响最终的实验结果。此外，数据标注的质量在很大程度上取决于标注者对新闻事件的熟悉程度。再者，考虑到地理位置，让中国人来完成本实验的标注工作更方便。最后，由于中国标注者对中国新闻事件的熟悉程度要高于国外的新事件，而且大多数进入 Sogou 搜索的查询都与中国发生的事件有关，Sogou 上中国标注者标注结果的质量更有可能优于 MSN 或 AOL 查询日志上的结果。

Sogou 在 2008 年 6 月 1 日至 6 月 30 日期间提取了 51537393 条网页查询，并删除了私人信息和非法查询会话。由表 6－1 可知，每条记录包含以下字段：查询时间（查询发出的时间）、用户 ID（匿名用户的 ID）、查询（真实的查询术语）、点击排名（点击结果的排名）、点击顺序号（在搜索会话中点击的顺序号）、点击 URL（用户点击的结果）。查询日志的预处理工作与 Cai 等（Cai et al.，2014）的工作相同。本实验使用基于时间的方法来分割查询会话，并将超时阈值设置为 15 分钟（He et al.，2000）。

表 6－1　Sogou 查询日志的数据格式

查询时间	用户 ID	查询	点击排名	点击顺序号	点击 URL
00:00:03	8234353	电影下载	9	6	www.tvbsale.com
00:00:04	720986435	李荷娜	2	3	club.koook.com

本书抽取 2008 年 6 月 11 日至 2008 年 6 月 20 日这段中间时间的查询，以分析与查询相关的新闻事件爆发前后的新闻查询特征。为使样本更具代表性与无偏见性，笔者使用了 McCreadie 等（McCreadie et al.，2010）研究中提出的泊松采样策略。考虑到一些带有少量点击信息的查询会带来数据稀疏的问题，笔者删除了那些包含少于 20 次唯一点击的查询。总的来说，本书研究得到了 3075 个唯一的示例查询。

6.3.2　数据集标注

本书将使用自动分类来预测查询意图，由于自动分类是一种机器学习方法，需要人工挖掘新的训练数据，并利用挖掘的数据重新训练分类模型。因此，手动标记查询是查询分类的第一步，本研究邀请了 10 名研究生来完成标注任务。类似于 McCreadie 等（McCreadie et al.，2010）的工作，笔者开发了一个注释界面（如图 6－1 所示），将点击最多的四个新闻页面集成到注释界面，并在该界面中明确地提供了查询词是否出现在新闻页面的标题、摘要或正文字段上的信息。如果这个页面是在查询时间当天创建的，那么它可以被标记为新闻查询。如果标注者仍然有困惑，那么他们可以使用界面中的“Sogou 搜索引擎”链接，在 Sogou 搜索结果中获取更多信息。

Labeling Interface of Queries

QueryTime: 2008-6-12

Query: 窗帘设计(curtain design)

Top-4 Clicked URLs: URL1 URL2 URL3 URL4

Sogou search engine

News query: ☐yes ☐no

Categories of search goals:

1. Informational: the user wants information about a certain topic,either broad or narrow

☐Directed: the user wants to learn something in a particular about a topic
☐Undirected: the user wants to target anything or everything about a particular topic
☐Advice: the user wants to seek advice or instructions to complete a task
☐Locate: the user attempts to detect where a real world good or service can be obtained
☐List: the user wants to search for lists of good pages on a topic

2. Resource: the user wants to target resources, not web documents

☐Download: the user wants to target a resource which must be downloaded to be useful
☐Entertainment: the user wants to search for pages which when viewed may provide entertainment
☐Interact: the user wants to look for pages which require further interaction
☐Obtain: the user wants to seek documents which are useful on or off the computer

3. ☐ Navigational: the user wants to reach a particular website

Categories of query topics:

☐Adult & Sex	☐Arts & Culture	☐Beauty & Style
☐Cars & Transportation	☐Charity	☐Computer & Internet
☐Education	☐Entertainment	☐Music & Games
☐Finance	☐Food & Drink	☐Health
☐Home & Garden	☐IndustrialGoods & Services	☐Politics & Government
☐Religion & Belief systems	☐Science & Mathematics	☐Social Science
☐Sports	☐Technology & Electronic	☐Travel
☐Work	☐Undefined	

submit

图 6－1　查询标注界面

此外，标注者还需标注每个查询的“目标”（即用户希望通过搜索实现的目标）和“主题”（即用户希望找到的信息）。一个查询有多个目标是很常见的。例如，给定查询“MP3”，用户可能对下载 MP3 文件或 MP3 相关主题感兴趣。在这种情况下，标注者应将每个查询分配给最期望的目标类别。本书使用的目标层次是由 Rose 和 Levinson（Rose et al.，2004）提出的，主题列表是 González-Caro 等（González-Caro et al.，2011）利用从 ODP、Yahoo! 与 Wikipedia 中抽取出的一级类目构建而成的。与查询目标类似，标注者同样需要将每个查询分类到最合适的主题类别。

为了计算新闻/非新闻查询标注结果的一致性，本节分析了由三位标注者标注的 400 个查询。三位标注者两两之间的平均 Kappa（Cohen et al.，1960）值为 0.82，表明标注结果具有较高一致性（Landis et al.，1977）。高水平的一致性表明所得到的标注质量良好，因此，本实验的标注方法是合适的。经人工标注后，共获得 317 个与新闻相关的查询，约占样本查询总数的 10.3%，该比值与 Bar-

Ilan 等（Bar-Ilan et al.，2009）的研究结果（10%）大致一致。

6.4 对标记查询的分析

在本节中，分别描述了标注的新闻和非新闻查询的查询目标和主题的分布。如图 6－2 所示，新闻查询和非新闻查询在查询目标（如信息类、资源类和导航类）的分布上没有明显差异。图 6－3 提供了关于十个子目标类别的更详细的查询目标比例。“有指导性”（即获取有关特定主题的内容）和“娱乐”（即搜索浏览时可以提供娱乐的页面）占据了新闻查询的大部分，这表明新闻查询的目标较大可能是获取特定主题的信息或某些娱乐目的。另外，非新闻查询的目标更有可能存在于“建议”（即用户想要获得建议、指南或者其他方面的指导）和“无指导性”（即用户想要了解关于某个主题的任何内容）类别。

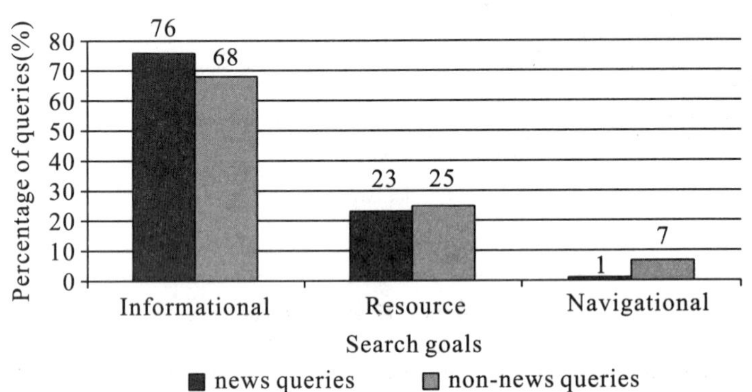

图 6－2　Broder 提出的新闻与非新闻查询目标（Broder et al.，2002）的分布

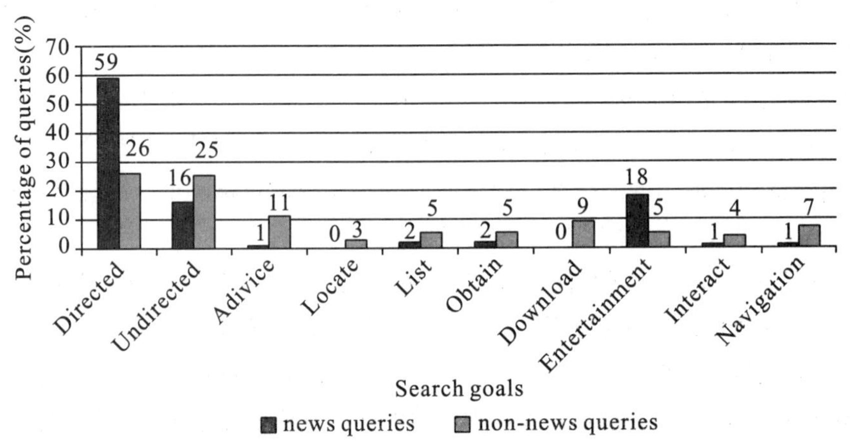

图 6－3　Rose 等提出的新闻与非新闻查询目标（Rose et al.，2004）的分布

图 6－4 显示了新闻和非新闻查询中的搜索主题分布，表明新闻查询的搜索主题倾向于娱乐、经济、政治和体育，而非新闻查询的搜索主题倾向于工业产品和服务、音乐和游戏以及有关工作方面的信息。

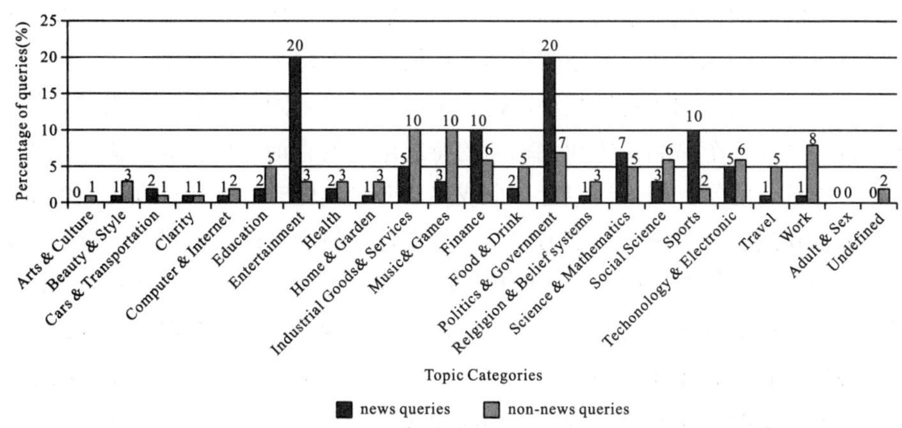

图 6－4　新闻与非新闻查询的主题分布

图 6－3 和图 6－4 的上述结果为新闻意图识别中分类特征的提取提供了一些启发。

6.5　新闻意图预测特征提取

确定应该使用哪些特征来表示查询是查询分类中的关键问题，本书采用的特征属于两个集合，即上下文特征和时间特征。具体来说，包括三个新特征和 20 个先前提出的特征。本书将首先详细描述如何提取新特征，然后在本节中简要介绍现有特征。

6.5.1　新提出的特征

本节提出两个上下文特征（即查询会话中命名实体和主题词的共现性以及点击结果之间的主题相似性）和一个时间特征（即时间爆发点）用于新闻意图预测。

1）查询会话中命名实体与主题词的共现性。

事件的内容故事情节可以由一组命名实体和一组主题术语来表征（Kumaran et al.，2005）。因此，与事件相关的查询内容可以分为两个部分：命名实体和其他主题词（指非命名实体词）。然而，大多数查询通常都很短（Cui et al.，2002），这可能会错过某些内容。例如，在“汶川地震”事件发生后，一些用户会使用“汶川”或“地震”等短查询来表达与该事件相关的新闻意图。由于短查询缺乏足够的信息，搜索引擎很难识别新闻事件的相关性。正如 He 等（He et al.，2013）所探索的那样，用户通常在与网络搜索引擎交互的一段时间内提交一系列查询，以获得他们真正需要的单个信息。因此，对于过去三天的查询会话中的隐式查询，扩展相应的命名实体或主题词是一种很好的方法。新闻查询的目标是获取特定主题的信息，因此笔者认为用户总是键入包含一个或几个命名实体和主题词的特定组合的查询，以获取与新闻相关的信息。更重要的是，当查询包含一个或多个命名实体时，应从查询会话中获得该查询存在的所有主题词。本书假设，如果这个被命名的实体或这个查询中的一个被命名的实体总是与一个主题词同时出现，可以认为这个查询具有新闻意图。在另一种情况下，对于不包含任何命名实体的查询，应获取当前查询会话中出现的所有命名实体（如人员、位置、组织）。本书还假设，如果查询中的一个或多个主题词通常与命名实体同时出现，可以判断该查询具有新闻意图。本书使用式（1）所示的互信息（MI）计算主题词与命名实体的共现关系：

$$I(e,w)=\sum_{X_e,X_w}P(X_e,X_w)\log\frac{P(X_e,X_w)}{P(X_e)P(X_w)}\tag{1}$$

其中 X_e 和 X_w 是两个二进制随机变量，对应于每个查询会话中命名实体 e 和主题词 w 的存在/不存在。$P(X_e,X_w)$ 是 X_e 和 X_w 的联合概率分布函数。例如，$P(X_e=1,X_w=1)$ 可以计算为同时存在 e 和 w 的用户会话的比例。$P(X_e)$ 和 $P(X_w)$ 分别是 X_e 和 X_w 的边际概率分布函数。例如，$P(X_e=1)$ 被定义为包含 e 的查询的比例，$P(X_e=0)$ 被定义为不包含 e 的用户查询的比例。同样，$P(w)$ 与 $P(X_e)$ 具有相同的含义。一般来说，$I(e,w)$ 的值越大，包含 e 或 w 的查询具有新闻意图的概率就越大。本节将 $I(e,w)$ 的前十个值作为每个查询的该特征的权重。为了更深入地分析查询，本书采用 ICTCLAS 对查询词或术语进行分段，自动识别人、组织和地点实体。此外，笔者删除了每个查询的停用词。

2）点击结果之间的主题相似性。

在大多数情况下，用户只有在他或她认为这个页面与他/她的意图相关时才会点击结果页面。因此，点击的结果是理解查询意图的重要来源。根据前文得出的结论（即新闻查询应该获取特定主题的信息）和 Claypool 等（Claypool et al.，2001）的发现（即在新闻事件期间有几篇新闻文章写了相同的故事），本书假设如果一个查询包含新闻意图，那么点击结果的内容之间可能存在一定程度的主题相似性。鉴于此，笔者尝试抓取过去三天内每个给定查询的前 20 个点击结果页面，以验证假设。在收集了大量的网页后，进行了网页清理、文本提取、中文分词、停用词去除、命名实体识别等数据处理工作。在命名实体识别过程中，考虑了四种主要类型的实体：人、组织、地点和时间实体。本书使用 ICTCLAS 识别前三种类型，并使用正则表达式识别最后一种类型。

在本书研究中，两个网页之间的主题相似度如公式（2）所示，其中 $sim(a_1,a_2)$ 表示两个网页之间的内容相似度。公式（3）中，$tf(t,a_2)$ 为术语 t 在网页 a_2 中出现的词频。$count(tin\ a_2)$ 表示 t 在文本 a_2 中出现的频率，$size(a_2)$ 表示文本 a_2 中出现的术语总数。$idf(t)$（逆文档频率）的计算如公式（4）所示，其中 $count(a_2hast)$ 是指包含 t 的文档数量。直观地说，如果两个文档在同一主题上，它们将共享命名实体和主题术语（Kumaran et al.，2004）。因此，在计算 $sim(a_1,a_2)$ 的值时，代表命名实体的单词比其他单词更重要。公式（2）中的 $boost(t)$ 是增加命名实体重要性的 boost 常数，当术语为命名实体（如命名为实体的人、组织、地点或时间）时，它等于 3，否则等于 1。$sim(a_1,a_2)$ 的值越高，表示查询具有新闻意图的可能性越大。

$$sim(a_1,a_2)=\sum_{t\in a_1}[tf(t,a_2)\times idf(t)\times boost(t)] \tag{2}$$

$$tf(t,a_2)=\frac{count(t,a_2)}{size(a_2)} \tag{3}$$

$$idf(t)=1+\log\frac{N}{count(a_2,t)} \tag{4}$$

3）时间突发点。

当新闻事件发生时，许多用户可能会搜索相关信息，这使得与新闻相关的查询很受欢迎（Sun et al.，2011）。因此，本书利用查询随时间的流行度（Kulkarni et al.，2011）来获得预测新闻意图的分类特征。图 6－5 显示了新闻查询“陆幽”和非新闻查询“乒乓球视频”随时间的概率分布。在图 6－5 中，横轴表示 2008 年 6 月的具体日期，纵轴表示对应的概率值，由一天的查询频率与一个月的查询频率之比计算得出。“演员陆幽”（当时有一些关于演员陆幽的八卦新闻）是新闻查询，而“乒乓球视频”是标记数据集中的非新闻查询。从图中可以看出，新闻查询概率分布曲线波动剧烈。对于新闻查询“演员陆幽”，6 月 1 日至 6 月 11 日的概率分布曲线是平滑的，但在 6 月 12 日成为爆发点，导致蓝色波动。在接下来的几天里，有一个高峰，然后在接下来的几天里恢复稳定。出现这种趋势并不奇怪，因为新闻不会很快消失。在本研究中，查询的峰值阶段持续时间称为新闻事件的持续时间。为了发现序列中爆发点的区域，本书采用基于移动平均线（MA）（Vlachos et al.，2004）的方法。通过统计分析可知，新闻事件的平均持续时间为五天。本书假设，给定一个查询，如果在查询时间之前的前四天内有一个突发点，那么该查询可能具有新闻意图。该特征值可用布尔值来表示，即如果一个查询有突发点，那么这个特征值为 1；否则，它是 0。

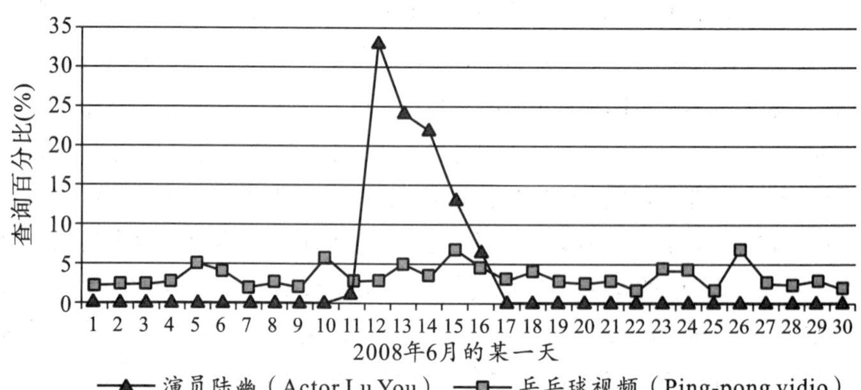

图 6－5　新闻查询“演员陆幽”和非新闻查询“乒乓球视频”随时间的概率分布

6.5.2　现有特征的适用性

本书实现了 Ghoreishi 和 Sun（Ghoreishi et al.，2013）利用的特征，这些特征是从搜索引擎返回的搜索结果中挖掘出来的。因为在查询日志中记录的点击文档往往可以表达用户当时发出查询后真正想要的东西，所以可以认为，与目前的搜索结果相比，点击文档更贴近用户的意图。因此，本书使用点击排名前 20 的结果代替搜索引擎返回的搜索结果，即构建本书查询的查询概要。在下文中，可能的上下文和时间特征是从查询字符串和查询概要文件派生出来的。

1）上下文特征。

（1）主题专指性和内聚性。这个集合衡量主题的独特性和点击结果的内聚性。第一，主题专指性（Topic Specificity，ts）：使用查询配置文件清晰度进行量化。从查询概要文件估计的单词分布与文档流的单词分布之间存在 Kullback-Leibler（KL）散度［如公式（5）所示］，其中 $P(w \mid D_q)$ 由查询概要文件 D_q 中单词 w 的相对文档频率估计，$P(w|S)$ 也是如此。第二，主题内聚性（Topic Cohesiveness）：使用基于质心的凝聚力（Centroid-Based

Cohesion，tcc）与成对相似度（Pairwise Similarity，tcp）两个特征进行评估。其中，tcc 由文档 $w \in D_q$ 与 D_q 的质心之间的平均余弦相似度计算；tcp 是每对文档中包含的单词集的平均 Jaccard 系数。

$$Clarity(D_q) = \sum_{w \in D_q} P(w \mid D_q) \log \frac{P(w|D_q)}{P(w|S)} \tag{5}$$

（2）命名实体和新闻价值。新闻事件是指在特定时间、特定地点发生的事情。为新闻相关查询而点击的文档极有可能包含与地点、组织或个人相关的关键字。因此，本书考虑以下特征：每个类别和所有三个类别下的命名实体数量，即人员实体数量（Npe）、地点实体数量（Nle）、组织实体数量（Noe）和所有三种类型的实体数量（Nae）；可区分的人员实体数量（Ndpe）、可区分的地点实体数量（Ndle）、可区分的组织实体数量（Ndoe）和可区分所有三种类型的实体数量（Ndae）。

（3）字符串的新闻价值。字符串 S 的新闻价值是 S 在被点击的包含该字符串 S 的新闻页面中出现的概率。本书将三个类别（即人、地点和组织）的新闻价值分别作为三个特征进行计算。即人员实体的新闻价值（Nwpe）、地点实体的新闻价值（Nwle）、机构实体的新闻价值（Nwoe）和三类实体的新闻价值（Nwae）。

（4）事件关联的种子词。基于种子词衍生出 Query String Recurrence（简称 qsr）与 Query Profile Recurrence（简称 qpr）两个特征。其中，qsr 是一个二进制特征，表示种子词是否出现在查询中。qpr 是查询概要文件中种子词出现的总次数。本书使用的查询日志来源于中文搜索引擎，大多数查询都与中国的一些事件有关。因此，研究（Ghoreishi et al.，2013）中列出的种子词（指美国的事件）不适用于本实验。本研究标记了 80 个种子词，每个种子词都是一个符号，随着时间的推移，它是一个广义的、高度有意义的符号，而不是针对特定的地方或人群、地点和国家。表 6-2 列出了本实验中 80 个种子词中的 30 个。这些种子词主要涵盖了一些新闻查询倾向的主题，如体育、娱乐、政治、教育、经济等。

表 6-2　新闻事件种子词

结婚	事件	去世	离婚	高考
地震	火炬	案发	阅卷	绯闻
战争	火灾	会议	台风	冲突
打架	发布	报告	改革	囚犯
袭击	国务院	教育部	央视	演唱会
楼盘	房交会	NBA	爆炸	油价

（5）查询字符串频率（qsf）。在过去三天里，一个字符串出现的频率。

2）时间特征。

本书考虑用新近度（Recency，tr）与时态清晰度（Temporal Clarity，tc）两个特征来描述查询概要文件的时间特征。其中，实时性反映了点击结果查询概要文件 D_a 相对于查询时间 qt 的新鲜度。近代性度量是查询时间和查询概要文件中文档的时间戳之间的中位数时间差。时间清晰度如公式（6）所示，它度量为查询单击的文档的时间分布与文档流中文档的时间分布之间的差异。式中，$P(t \mid D_q)$ 为在时间窗口 t 内创建的文档的相对文档频率，在本实验中设置为一天：

$$TClarity(D_q) = \sum_{\min(d, t\text{-}q, t)}^{\max(d, t\text{-}q, t)} P(t \mid D_q) \log \frac{P(t \mid D_q)}{P(t \mid S)} \tag{6}$$

本研究共得到 20 个上下文特征和三个时间特征，其中，查询会话中命名实体与主题词的共现性、点击结果之间的主题相似性和时间爆发点特征，在下一节分别缩写为 qe、cs 和 qsb。

6.6　实验及结果分析

上一节提取了几个用于预测新闻意图的特征，在本节中，将通过使用基准查询集来评估这些特征的有效性。

6.6.1　评价方法

本节使用了三个评价指标，包括查准率、查全率和 F1 指标来评价查询类型识别任务的有效性。这些指标分别针对两种查询（新闻查询和非新闻查询）进行计算，然后取平均值（即宏平均值）。实验中使用了十倍交叉验证，即将标注的查询随机划分为十个大小相等的子样本，其中一个子样本作为测试模型的验证数据进行重新训练，其余九个子样本作为训练数据。然后重复交叉验证过程 K 次，K 个子样本中的每一个都只使用一次作为验证数据。然后可以对获得的 K 个结果进行平均以产生单个估计，并表示为分类法获得的分类精度。C_{news}、C_{nonews}以及 C_{all}意味着三个不同的任务：区分新闻与非新闻查询、非新闻与新闻查询，以及识别两种可能性之间的新闻意图。为了设计好的分类器进行查询意图预测，本研究使用了支持向量机的 SVM^{light}、贝叶斯逻辑回归（Bayesian LR）、多项逻辑回归（Multinomial LR）和 Naïve 贝叶斯分类器（NB）的 Weka 实现。支持向量机采用径向基函数核，其精度优于其他核。其他参数采用默认设置。

6.6.2　实验结果

在为基准查询生成上述所有特征之后，笔者首先分别应用上下文和时间特征来确定它们的影响，再通过从整个特征集中删除每个特征来研究它们的影响。

1）特征分析。

首先，表 6-3 给出了使用不同分类器获得的分类性能。从这些结果中可以观察到，利用所提出的特征集，分类器的总体性能很好。这表明该查询的新闻意图预测具有较高的准确性。其中，最佳分类精度和召回率分别为 0.8621 和 0.8680。此外，这些结果还表明仅从查询日志中挖掘特征进行新闻意图预测的可行性。而且，四种分类器的实验结果是不同的。总体而言，SVM 分类器获得了最好的结果，其宏观平均 F1 在 0.8677 左右，明显优于其他分类器的结果。这一结果与之前的研究结果一致（Baeza-Yates et al.，2006），即 SVM 函数在查询分类中表现出比其他分类器更好的性能。分类算法的性能受实际数据集的随机性和稀疏性、数据集的大小和独立特征的数量的影响。此外，这些因素也可以解释为什么本研究结果与 Ghoreishi 和 Sun（Ghoreishi et al.，2013）的工作不同，他们的工作表明多项式 LR 和贝叶斯 LR 比其他两种分类器取得了更好的准确性。特别是，具有默认参数且未调优的分类器发挥了重要作用。由于本节关注的是将分类器视为“黑盒”的能力，因此通过调整分类器的参数来提高性能超出了本工作的范围。综上所述，笔者选择 SVM 作为基本分类器。

表 6—3　使用不同分类模型获得的分类性能

分类模型	F1			Precision			Recall		
	C_{all}	C_{news}	C_{nonews}	C_{all}	C_{news}	C_{nonews}	C_{all}	C_{news}	C_{nonews}
Bayesian LR	0.8271	0.8241	0.8301	0.8142	0.8014	0.8233	0.8392	0.8481	0.8370
Multinomial LR	0.8426	0.8399	0.8453	0.8355	0.8452	0.8236	0.8478	0.8347	0.8682
Naïve Bayes	0.8467	0.8367	0.8390	0.8261	0.8270	0.8343	0.8433	0.8466	0.8438
SVM^{Light}	0.8677*#▲	0.8692	0.8661	0.8621	0.8730	0.8549	0.8680	0.8654	0.8776

注：每一栏中得分最高的用粗体表示。表中上标符号“*”“#”“▲”分别表示该方法的结果分别与 Bayesian LR、Multinomial LR、NB 获得的结果具有显著性差异（双尾 t 检验，$p<0.05$）。

表 6—4 显示了在数据集中单独应用不同特征集的新闻意图预测值。请注意，通过使用一组特征获得的精度越大，它们越有可能用于新闻意图预测。总体而言，在评估的所有特征中，上下文特征明显比时间特征更有效，这一结果与 Ghoreishi 和 Sun（Ghoreishi et al.，2013）的研究结果一致。具体来说，分类算法的性能可能受以下三个因素的影响。首先，上下文集比时间集包含更多的特征。其次，由于特征词汇的存在，上下文特征比时间特征更能直接描述用户的真实意图。第三，上下文集考虑命名实体派生的特征，而时间集不考虑。在新兴新闻事件中，名人、机构等命名实体经常被卷入其中，并且总是与新闻意图相关。

表 6—4　具有不同特征集的新闻意图预测的宏平均值

特征集	SVM^{Light}	Bayesian LR	Multinomial LR	NB
时间特征	0.6698	0.6621	0.6213	0.6001
上下文特征	0.7691*	0.7491*	0.7131*	0.6913*

注：表中上标“*”表示上下文特征与时间特征的性能具有显著性差异（双尾 t 检验，$p<0.05$）。

同时，表 6—5 显示了使用 SVM^{Light} 去除不同个体特征后得到的分类精度。请注意，在这些情况下，删除一个特征后获得的准确性越小，它查询是否具有新闻意图提供正确决策的能力就越强。从表 6—5 中可以看出，“时间爆发点”（Temporal Burst Point，简称 tbp）这一特征的影响最为显著。这一结果表明，时间性是新闻查询的一个重要特征。此外，qe 是第二有效的特征，表明查询会话是提取新闻意图特征的重要来源。而且，该特征比通过计算字符串的新闻价值提取的特征（如 Nwpe、Nwle、Nwoe 和 Nwae）和通过判断相应事件种子词的内容包含所挖掘的特征（如 qsr）更为重要。这些结果证明，查询会话可以成为挖掘新闻意图预测特征更有用的来源，因为用户的真实意图总是被真实地记录在查询日志会话中。

表 6—5 使用 SVM^{Light}去除不同个体特征获得的分类精度

去除特征	宏平均值	去除特征	宏平均值
None	0.8677	nwpe	0.8567
ts	0.8597	nwle	0.8551
tcc	0.8589	nwoe	0.8565
tcp	0.8600	nwae	0.8543
npe	0.8673	qsr	0.8512
nle	0.8674	qpr	0.8606
noe	0.8673	qsf	0.8514
nae	0.8600	tr	0.8498
ndpe	0.8664	tc	0.8502
ndle	0.8668	qe	0.8434
ndoe	0.8664	qsb	0.8379
ndae	0.8569	rs	0.8412

注：None 行表示所有特征的组合。性能最佳的用粗体字表示。

此外，特征 rs 比其他特征（如 ts、tcc 和 tcp）测量被点击文档之间的相似性更有用。可能的原因是，rs 在计算点击文档之间的相似度时，将实体词与非实体词区别对待，而其他三个特征将实体词与非实体词同等对待。从这些结果中可以得出结论，在描述新闻事件时，命名实体可以比其他词语发挥更重要的作用。

2）与以往研究成果相比。

本节还对新闻意图识别的表现进行了比较研究，具体如表 6－6 所示。“Baseline”是指使用上一节中列出的先验特征的方法，“Baseline＋qe”、“Baseline+cs”、“Baseline+bst”和“Baseline+qe+cs+bst”是指将先验特征与新特征“qe”“cs”“bst”及其三者结合起来的方法。从这些结果来看，“Baseline+qe”、“Baseline+cs”和“Baseline+bst”方法明显优于“Baseline”方法。这些结果表明，这三个特征中的任何一个都可以提高新闻意图预测的分类精度。此外，“Baseline+qe+cs+bst”方法的性能最好，其宏平均 F1 约为

0.8677，显著优于其他所有方法。结果表明，同时使用三种新特征和先验特征的方法优于仅使用先验特征或仅将一种新特征与先验特征相结合的方法。本书提出的特征对于提高新闻意图预测的准确性是有用和重要的。

表 6-6　SVM^Light^ 以往研究方法的比较

	F1	Precision	Recall
Baseline	0.8042	0.7853	0.8241
Baseline+qe	0.8220*	0.8034	0.8427
Baseline+cs	0.8234*	0.8070	0.8410
Baseline+bst	0.8356*	0.8295	0.8424
Baseline+cs+qe+bst	0.8677*#▲†	0.8642	0.8680

注：每一栏中得分最高的都是粗体字。表中上标符号"*""#""▲""†"分别表示该方法分别与相对"Baseline""Baseline+qe""Baseline+cs""Baseline+bst""Baseline+cs+qe+bst"具有显著性差异（双尾 t 检验，$p<0.05$）。

3）本书提出的每个特征对其他先前特征的影响。

如表 6-7 所示，这三个新特征在本书研究的分类任务中都是有效的。验证这三个特征中的每一个是否会增加其他特征的歧视性也是很有趣的。为了更好地理解一个新特征如何影响其他特征，笔者将每个其他特征与这个新特征结合起来（如表 6-9 所示）。值得注意的是，这些表中的结果是通过使用特征隔离获得的。更具体地说，它们等于将新特征与另一个特征结合起来的方法，而不是单独使用特征的方法。值得注意的是，表 6-9 中结果的值越大，新特征对另一个特征的影响就越显著。特征"qe""qsb""rs"如何影响其他特点分别见表 6-7、6-8、6-9。

表 6-7　特征"qe"如何影响其他特征

特征	增益（%）	特征	增益（%）
ts	2.5	nwpe	19.4
tcc	1.7	nwle	20.4
tcp	2.2	nwoe	21.4
npe	7.6	nwae	29.7
nle	6.5	qsr	23.3
noe	10.4	qpr	12.1

续表6－7

特征	增益（%）	特征	增益（%）
nae	8.0	qsf	12.3
ndpe	10.8	tr	11.6
ndle	8.8	tc	4.6
ndoe	7.6	qsb	13.4
ndae	5.5	rs	12.6

注：增益是通过单独使用特征并利用 SVM^{Light} 分类器来计算的。最高的五个分数是粗体字。

表 6－8 特征"qsb"如何影响其他特征

特征	增益（%）	特征	增益（%）
ts	10.5	nwpe	1.40
tcc	8.7	nwle	13.4
tcp	7.2	nwoe	13.4
npe	6.6	nwae	12.3
nle	9.5	qsr	11.3
noe	10.4	qpr	12.1
nae	10.0	qsf	31.7
ndpe	11.8	tf	21.6
ndle	12.8	tc	23.6
ndoe	13.6	qe	24.4
ndae	10.5	rs	15.6

注：增益是通过单独使用特征并利用 SVM^{Light} 分类器来计算的。最高的五个分数是粗体字。

表 6－9 特征"rs"如何影响其他特征

特征	增益（%）	特征	增益（%）
ts	22.5	nwpe	6.4
tcc	18.8	nwle	1.3
tcp	19.6	nwoe	3.2

续表6－9

特征	增益（%）	特征	增益（%）
npe	10.4	nwae	2.3
nle	2.3	qsr	11.2
noe	1.2	qpr	12.1
nae	1.0	qsf	1.9
ndpe	5.8	tr	15.3
ndle	2.4	tc	14.2
ndoe	2.3	qe	13.3
ndae	2.3	qsb	2.3

注：增益是通过单独使用特征并利用 $\mathrm{SVM}^{\mathrm{Light}}$ 分类器来计算的。最高的五个分数是粗体字。

由表 6－7 可知，与 qe 结合后，改进最多的五个特征（nwpe、nwle、nwoe、nwae 和 qsr）就是从查询表达式中提取的，说明将会话提取的特征结合起来，可以提高从查询中提取的特征识别新闻意图的准确性。由表 6－8 可知，受特征 qsb 影响最大的五个特征（qsf、tf、tc、qe、rs）与时间有关。因此，特征 qsb 可以提高涉及查询频率或时间属性特征的准确性。此外，由表 6－9 可知，特征"rs"对 ts、tcc、tcp、tr、tc 这五个特征的影响比对其他特征的影响更大，说明 rs 可以提高用于计算被点击页面之间相似度特征的准确性。

6.7 研究小结

本节通过利用三个新的分类特征来解决新闻意图的自动识别问题，并试图在不使用任何社交媒体和新闻数据集的情况下，使用从一般搜索引擎查询日志中派生的上下文和基于时间的特征来验证预测查询新闻意图的有效性。首先对采样查询进行注释，然后在人工注释集合的基础上分析新闻意图的目标和主题，获得了查询会话延伸出来的命名实体词与上下文词之间的关系、点击结果之间的主题相似度和时间爆发点三个新闻特征。本研究训练了四个分类器（即支持向量机、朴素贝叶斯、多项逻辑回归和贝叶斯逻辑回归），通过将新提出的特征与先前工作中提出的特征相结合来预测查询的新闻意图。实验结果表明，新提出的三个特征在识别具有新闻意图的查询方面是有效的，得到了宏平均 F1 为 0.8677 的良好结果的支持。

这项研究可以向多个方向扩展，为此笔者提出了今后的一些工作：(1) 提高查询中识别命名实体的准确性，本书使用的分割工具对于长文本（例如文档）比对于文本较少的上下文信息的短文本更有效；(2) 尝试探索查询词随时间的分布；(3) 为了提高标注工作的准确性，在今后的工作中需要运用众包的思路；(4) 有必要评估本研究方法在其他查询日志（如 AOL 和 MSN 查询日志）中的有效性。

7　时态模糊性查询的时间感知多样化查询推荐方法

7.1　引言

网络资源的快速增长，不但使得搜索引擎面临处理海量数据战，也增加了用户从海量数据中获得相关信息的难度。在此背景下，越来越需要用户能够构建正确查询来表达其信息需求。为了不将这一繁琐而耗时的任务强加给用户，搜索引擎通常提供了相关的查询推荐服务。因此，如何提升查询推荐的效果引起了学界和业界的广泛关注。其中，先前已有有关查询推荐的研究（Cucerzan et al.，2007；Cao et al.，2008；Mei et al.，2008；Sordoni et al.，2015；Chen et al.，2018；Dehghani et al.，2017；Ding et al.，2018；Jiang and Wang，2018；Chen et al.，2018）或者搜索引擎（如 google、Bing 等）主要基于候选查询的流行度最大化候选查询的总体相关性，生成与初始查询主题相关的候选查询。而在大多数情况下，用户提交给搜索引擎的查询具有简短与语义模糊性（即查询中包含了多个可能的潜在主题），因此，基于简单相关性的方法难以为这些模糊性查询返回用户满意的候选查询推荐。例如，对于查询“Flash”来说，其潜在的用户意图可能有“Adobe Flash Player”、“1990 年的美国超级英雄系列”以及以色列政治家“Flash Gordon”。当一些用户希望搜索有关“Flash Gordon”或者“Flash Film”的信息时，在未进一步说明的情况下，只是向搜索引擎提交了查询“Falsh”，搜索引擎很有可能根据用户提交查询时间内相应子主题的流行度，使得用户最终获得诸如“Flash Player”　“Flash Operation”等查询推荐，但这些推荐结果远远偏离用户实际意图。为了解决以上问题，查询推荐多样化研究应运而生，其主要目的是为初始查询生成一个尽可能多的用户意图（即初始查询中包含的查询子主题），以此将用户对推荐结果不满意的风险最小化。据笔者所知，现有的查询推荐多样化研究主要考虑语义策略，即通常建立主题覆盖或新颖性与主题相关性之间的平衡。

但已有查询推荐多样化方法难以实现对时态模糊性查询（与多个事件相关，当用户正在查询某个特定事件时，可能被认为是不明确的，如查询“earthquake”“US open tenies”等）的多样化推荐。Jones &Daiz（2007）指出，需对此类查询相关联的时间意图进行深入理解，且理想的相关性结果是获得原始查询中涉及每个事件相关的候选查询推荐。但由于已有多样化查询推荐只是执行语义策略，而忽视了查询时间方面的信息，则难以区分某些涉及不同事件的查询之间的差异性。例如。当对时间模糊性查询“Olympics”的候选查询进行多样化时，如果忽略每个查询中包含的时间意图，则难以发现候选查询如“London Olympics（2012）”“Beijing Olympics（2008）”“Rio Olympics（2016）”之间的语义差异。因此，很难产生覆盖不同时间段的相关候选查询。基于此，本节针对时态模糊性查询提出一种时间感知的查询推荐多样化框架，该框架能从语义和时间来实现查询推荐多样化。在此框架中，本书首先通过基础查询中的子主题和时间意图并将其置于显式多样化模型中，提出两个新的 TaQD 模型；然后在探讨如何识别查询中所包含的子主题和时间意图的基础上，分析了这些所依赖组件的计算方法。相对于已有研究，本书的主要创新点在于：（1）提出了两种时间感知的查询推荐多样化模型（即 temp-IA-select 与 temp-xQuaD）以此生成表示初始查询的不同兴趣段的候选查询；（2）本书构建相关实验对提出的新模型进行了大量研究，以此验证本书所提出新方法的有效性。

7.2 已有相关研究

据笔者所知，目前仍未有直接探讨时间感知的多样化查询推荐研究，而与本章相关的已有研究内容主要包括：查询推荐多样化以及时态查询的搜索结果多样研究。

7.2.1 查询推荐多样化

查询推荐多样化研究已经在信息检索领域进行了广泛探讨，该研究的主要思想是综合查询相似性和多样化评分来对候选查询进行排序。在方法的具体实践中，大多数 QSD 研究是通过迭代选择能最大化覆盖初始查询分面（子主题），同时降低在先前迭代中已经确定候选在所覆盖分面之间的冗余度。根据已有方法中确定初始查询中分面的不同方法，QSD 的相关研究主要分为隐式查询推荐多样化与显式查询推荐多样化研究。

1）隐式查询推荐多样化研究。

已有的隐式查询多样化研究大多基于如下简单假设：相似的查询包含相似的分面，故通过隐式考虑初始查询中可能存在的潜在主图，主要通过将生成的候选查询与待排序查询的差异度进行比较以此来减少候选查询之间的冗余度。最大边际相关性方法（MMR）是常用的迭代方法，这些研究的主要差异体现于计算查询之间相似性或者差异性的方法不同。例如，Ma 等（Ma et al.，2010）首先构建 Query-URL 点击图，利用马尔可夫随机游走和分析 Query-URL 图中命中时间来返回第一个相关的候选查询，再利用命中时间去返回相关以及多样化的候选查询。该方法能从语义角度为初始查询返回候选多样化的查询推荐，但难以解决 Query-URL 图中存在的数据稀疏性问题；Song 等（Song et al.，2011）首先在构建 Query-URL 图的基础上，利用随机游走遍历图方式获得候选查询，然后综合考虑查询相似性以及其他多样化特征，如 URL 差异性、域名差异性、ODP 差异性以及 kendeall's coefficient 排序等，再利用多样化学习算法（如线性回归、分类器、学习型排序等算法）优化 MMR 排序函数以此实现对候选查询的多样化；Li 等（Li et al.，2012）首先通过对查询聚类以此抽取查询概念，然后从每个查询概念中抽取一个代表性查询以实现多样化查询推荐。其中，利用贪婪启发式算法和概率模型，使得每次从每个概念中选择的代表性查询能最大化地覆盖初始查询中所包含的分面；Hu 等（Hu et al.，2016）提出了词级别查询推荐的方法，首先将每个查询词映射到 Wikipedia 主题中，再基于 MMR 算法来对查询词之间的相关性以及主题相异性建模，最后利用贪婪算法实现词级别查询推荐的多样性；Jiang 等（Jiang et al.，2014）提出了具有多样化感知的个性化查询建议（Personalized Query Suggestion with Diversity Aware-Ness）方法。在该方法中，首先对查询日志进行多一二项（Multi-Bipartite）表示，再利用规则化框架为原查询识别最相关的候选查询推荐，然后再利用交叉二项首达时间（Cross-Bipartite Hitting Time）模型来选择相关且彼此之间存在差异的候选查询；

2）显式查询推荐多样化。

该方法的主要目的是在显式识别初始查询所包含潜在子主题的基础上，通过显式判断当前待排序候选查询对未覆盖子主题的覆盖程度来对其加以选择。与隐式多样化查询推荐相比，显式多样化查询推荐的结果中必然包含覆盖初始查询潜在子主题的候选查询。其中，如何挖掘查询中子主题以及计算候选查询对子主题的覆盖程度是此类研究的重点。主要相关研究有：Kim & Croft（Kim & Croft，2014）首先从初始查询返回结果文档中抽取关键词，再基于关键词之间的检索性能和主题性相似性来对关键词进行聚类，以此生成查询分面，再利用查询返回伪文档训练决策树为每个查询分面生成候选查询推荐，最后利用 xQuAD 多样化模型筛选与查询文档相关且与已有候选查询主题不同的查询；Zheng 等（Zheng et al.，2018）考虑到贪婪式方法的计算复杂度较高，提出了一种基于 WordNet 本体的查询推荐多样化方法，即首先基于图模型生成候选查询，再根据初始查询在 WordNet 中的不同含义来对候选查询进行多样化；Chen 等（Chen et al.，2017）提出了个性化查询推荐多样化模型，在基于 ODP 结合点击文档识别查询分面的基础上，将用户长时间的搜索行为融合到贪婪式查询推荐多样化模型中，计算待排序查询对未覆盖子主题的覆盖程度实现多样化查询推荐。

由此可见，已有查询推荐多样化研究取得了较大进展，但大多数相关研究只是将查询中包含的子主题应用于多样化研究中，而如何在多样化方法中融合时间因素的相关研究很少。鉴于此，本书首次提出了如何将语义和时态意图融合以实现对时态模糊性查询的多样化推荐。

7.2.2 时态查询的检索结果多样化

一直以来，学界就积极开展如何为用户提交的语义模糊性查询返回多样化且相关的查询结果（Agrawal et al.，2009；Ma et al.，2010；Li et al.，2013）的相关研究。但已有研究仅仅考虑了查询中的静态子主题，而没有考虑到初始查询中包含的潜在时间意图。当一个用户想要搜索不同时间点或者最近发布的相关文档时，已有方法难以为其返回相关结果。为了解决此问题，一些研究认为时间也是多样化检索结果中的一个重要维度，并对此进行了相关研究，其研究主要分为：(1) 时间敏感的检索结果多样化。为初始查询返回能覆盖不同子主题和不同时间段的文档；(2) 近期敏感的检索结果多样化。即在对检索结果多样化的基础上，将近期的文档排名靠前。

1）时间敏感的检索结果多样化。

Berberich & Bedathur（Berberich & Bedathur，2013）首次进行了此类研究。在其研究中，将时态信息（如文档发布时间）融合多检索结果多样化模型 IA-select，以此实现能返回与查询主题相关，能覆盖不同查询主题且来自不同时间段的文档；Gupta & Berberich（Gupta & Berberich，2016）提出一种能利用文档内容的时态表达式来实现检索结果多样化的方法。该方法首先从查询伪相关文档中抽取与查询相关的时间段信息作为多样化的分面，然后利用已有的多样化（Agrawal et al.，2009）方法来对候选文档进行排序，以此返回能覆盖不同时间段的文档集。另需指出的是，NTCIR Temporal Information Access（Temporialia）中的子任务 TDR（Temporal Diversified Retrieval）也与时间敏感的检索结果多样化研究相关。在该子任务中，要求参与团队根据一个特定的查询构建检索模型并为其返回能覆盖不同时态意图（如过去、最近、未来）的相关文档列表。Hou 等（Hou et al.，2016）首先为每个时态主题获得相关的结果文档列表，然后再根据文档与每个时态主题的相关性、待排序文档中所包含的时态意图以及与已选择候选文档中时态意图的差异性，进一步对候选文档进行时态多样化；Fernando（Fernando，2016）通过线性组合文本、时态相关性方法以及学习型排序方法实现时态排序。在学习排序模型中，主要利用语言、主题和时态三类特征来估算文档相关性。Gupta & Berberich（Gupta & Berberich，2016）提出一种叫作 Time Search 的概率框架，即利用唯一的时间模型来理解查询表达式，并以此识别给定查询所包含的时间间隔，然后利用这些时间间隔对文档进行排序和多样化。

2）近因敏感的检索结果多样化。

与时间敏感的检索结果多样化研究相比，近因敏感的检索结果多样化研究目前还较少。该研究主要是利用查询子主题的新颖度以及流行度来实现多样化。Styskin 等（Styskin et al.，2011）首先提出了自动识别近因敏感查询的方法，然后利用查询结果多样化方法解决近因排序问题。Nguyen & Kanhabua（Nguyen & Kanhabua，2014）认为时态模糊性查询中所包含子主题的流行度与相关性及时间相关，利用动态主题模型实现了检索结果的多样化。即首先通过分析文档集合确定时态查询中所包含的动态子主题，然后提出融合了查询子主题的近因方面的时间感知的多样化模型。

7.3 本节所提出的模型

如前文所述，本节的主要目的是为时态模糊性查询实现多样化查询推荐。为此采用了两种显式多样化方法，即综合利用查询子主题以及查询中所包含的时态意图分别作为查询分面，以此实现多样化查询推荐。需要指出的是，对于一个具有时态模糊性的初始查询 q 来说，本节假设其主要包含时态意图和语义内容两个部分。其中，其时态意图表示为 $T=(t_1,t_2,\cdots,t_i,\cdots,t_n)$，$t_i$ 表示一个时间单元，其时间粒度为具体的某个年份。同时，查询 q 中所包含的潜在主题表示为 $Z=(z_1,z_2,\cdots,z_i,\cdots,z_m)$，其中，$z_i$ 表示该查询包含的第 i 个相关子主题。本节主要介绍本课题所提出的用于实现 TaQD 的两个新模型（即 temp-

IA-select 与 temp-xQuaD）。

1）temp-IA-select 模型。

该模型主要是通过扩展经典模型 IA-select 而提出。其中，在假设为用户返回 k 个候选查询的前提下，IA-select 模型的主要目的使得平均每个用户从 k 个推荐结果中至少发现一个满意查询的概率最大化（Kharitonov et al.，2013）。给定一个初始查询 q，包含系列查询的集合 Q，以及需要返回的候选查询个数 k。IA-select 的主要目的是在 Q 中查找一个子集 S，使得 S 集合中元素的相关性和多样化达到最大化，具体表述为：

$$\underset{S\subseteq Q,\,|S|=k}{\operatorname{argmax}} f(Q,q,k,S) \tag{1}$$

其中，$f(Q,q,k,S)$ 为目标函数。笔者通过扩展该目标函数而提出了 temp-IA-select 模型，即在该目标函数中融合了初始查询中的子主题以及潜在时态意图，其推导过程如下：

$$\begin{aligned} f(Q,q,k,S) &= P(S|q)(S \subseteq Q,|S| = k) \\ &= \sum_{t\in T}P(t|q)P(S|q,t) \\ &= \sum_{t\in T}P(t|qq)\sum_{z_i\in Z}P(z_i,S|q,t) \\ &= \sum_{t\in T}P(t|q)\sum_{z_i\in Z}P(z_i|q)P(S|q,t,z) \\ &= \sum_{t\in T}P(t|q)\sum_{z_i\in Z}P(z_i|q)[1-\prod_{q'\in S}(1-P(q'|q,t,z_i)] \end{aligned} \tag{2}$$

其中，$P(t|q)$ 表示初始查询 q 包含潜在时态意图 t 的概率。$P(z_i|q)$ 表示初始查询 q 包含潜在主题 z_i 的概率；$P(q'|q,t,z_i)$ 表示候选查询 q' 与初始查询 q（具有时态意图 t 且包含子主题 z_i）之间的相关性概率。这些元素的估算将在后文中详细讨论。

2）temp-xQuaD 模型。

该模型是由扩展多样化 xQuaD 模型而提出。其中，xQuaD 是在显式识别查询分面的基础上，通过比较候选查询与每个查询分面的相关性来获得能尽可能多的包含初始查询分面的候选查询推荐。给定一个初始查询 q，包含系列查询的查询集合 Q，待返回的候选查询个数 k，目前已经返回的候选查询推荐集合 S，xQuaD 模型的目标是在 $Q\setminus S$（集合 Q 与集合 S 之间的差集）集合中查找一个候选查询 q^* 使得以下目标函数最大化：

$$q^* \leftarrow \underset{q^*\in Q\setminus S}{\operatorname{argmax}} f(Q,q,k) \tag{3}$$

其中，$f(Q,q,k)$ 表示目标函数，其定义可视为一种启发式规则。在每一步迭代中，返回一个能使得目标函数取得最大值的候选查询，并将其添加到集合 S 中。$f(Q,q,k)$ 的计算引入了参数 λ 以此来控制多样化与相关性的权值，具体定义为：

$$f(Q,q,k)=(1-\lambda)\times P(q^{*}|q)+\lambda\times P(q^{*},\bar{S}|q) \tag{4}$$

其中，$P(q^{*}\mid q)$ 表示在给定初始查询 q 与候选查询 q^{*} 的相关概率，$P(q^{*},\bar{S}|q)$ 对于给定的初始查询 q、已有候选查询集合 S 没有满足初始查询的前提下选取候选查询 q^{*} 的概率。在计算 $P(q^{*},\bar{S}|q)$ 时，本节通过显式考虑查询中语义和时态意图以提出模型 temp-xQuaD，具体推导过程如下：

$$\begin{aligned}P(q^{*},\bar{S}|q)&=\sum_{t\in T}P(t|q)P(q^{*},\bar{S}|q,t)\\&=\sum_{t\in T}P(t|q)\sum_{z\in Z}P(z|q)P(q^{*},\bar{S}|q,t,z)\\&=\sum_{t\in T}P(t|q)\sum_{z\in Z}P(z\mid q)P(q^{*}|q,t,z)P(\bar{S}|qq,t,z)\end{aligned} \tag{5}$$

其中，概率 $P(t|q)$ 、$P(z|q)$ 与 $P(q^{*}|q,t,z)$ 与公式（2）有着相同的定义；$P(\bar{S}|q,t,z)$ 表示集合 S 不能满足具有潜在主题 Z_i 与时态意图 t 的初始查询 q 的概率。本节假设集合 S 中的候选查询之间是相关独立，则 $P(\bar{S}|q,t,z)$ 的推导如下：

$$\begin{aligned}P(\bar{S}|qq,t,z)&\approx P(\overline{q'_1,q'_2,\cdots,q'_{n-1}}|q,t,z)\\&\approx\prod_{q'\in S}(1-P(q'|q,t,z))\end{aligned} \tag{6}$$

其中，q' 表示集合 S 中的某个候选查询。最后将公式（5）和（6）代入公式（4）中计算可得到 $f(Q,q,k)$ 的方法：

$$\begin{aligned}&f(Q,q,k)\propto(1-\lambda)P(q^{*}\mid q)+\\&\quad\lambda[\sum_{t\in T}P(t|q)\sum_{z\in Z}P(z\mid q)P(q^{*}|q,t,z)\prod_{q'\in S}(1-P(q'\mid q,t,z))]\end{aligned} \tag{7}$$

如公式（2）和（7）所示，如何计算 $P(q^{*}|q,t,z_i)$ 与 $P(q'|q,t,z_i)$ 是本节新提出模型中的关键任务。需指出的是，本节中 q^{*} 与 q' 均是指代候选查询，则概率 $P(q^{*}|q,t,z_i)$ 与 $P(q'|q,t,z_i)$ 具有相同的推导过程。为简洁表述，本书利用 q'' 表示这两个候选查询。为了计算这两个概率，假设每个候选查询假设与一个或者多个时间点相关。基于此，每个候选查询假设包含了两个独立部分，即词汇部分（标记为 q''_c ）以及时态意图部分（标记为 q''_t ，其时间粒度为年

份)，根据条件独立性假设，$P(q^* | q,t,z_i)$ 与 $P(q' | q,t,z_i)$ 的推导过程如下：

$$\begin{aligned} P(q'' | q,t,z) &= P(q''_c, q''_t | q,t,z) \\ &= P(q''_c | q,z) P(q''_t | t) \\ &\propto P(q''_c | q) P(q'_c | z) P(q''_t | t) \end{aligned} \tag{8}$$

其中，$P(q''_c | q)$ 表示初始查询 q 与候选查询 q'' 之间的相关性；$P(q''_c | z)$ 表示 q''_c q 与潜在主题 z 之间的相关性；$P(q''_t | t)$ 表示 q''_t 与 t 之间的距离。

7.4 相关模型部件的估算

由公式（2）和（7）可知，本书提出的 temp-IA-Select 与 temp-xQuaD 模型，最终等价于几个独立概率部件的乘积。具体而言，本书中所提出的多样化模型中主要涉及如下概率部件：

（1）初始查询 q 与候选查询 q'' 之间的语义相关性，$P(q''_c | q)$；

（2）初始查询 q 中所包含子主题的概率分布，$P(z_i | q)$；

(3) q''_c 与初始查询 q 所包含子主题 z_i 之间的相关性，$P(q''_c | z_i)$；

（4）初始查询 q 包含潜在时间意图 t 的概率，$P(t | q)$；

（5）候选查询 q'' 中所包含时间意图与初始查询 q 中时间意图 t 的距离。

以上部件的计算均需要在识别出查询中所包含的潜在子主题以及时间意图的基础上加以进行。因此，笔者在下文将首先介绍如何挖掘查询中潜在主题以及时间意图，并在此基础上进一步提出计算以上部件的有效方法。

7.4.1 查询子主题的挖掘

如前文所述，在进行查询推荐多样化时，需要判断每个候选查询与初始查询所包含子主题的满足程度，则挖掘初始查询中潜在的子主题是多样化模型构建的首要任务。一般来说，很难从用户提交的简短查询中直接发掘其可能包含的潜在子主题，常常需要进一步借助查询日志、外部语料库或者伪文档来加以实现。考虑到数据集的可获取性，本书采用了基于查询日志的方法，即通过初始查询相关的查询重构进行聚类来挖掘其包含的潜在子主题。此类方法基于如下假设：与初始查询相关的查询重构可以描述该查询的潜在用户意图，且相似的查询描述了相似的查询主题。基于此，本书利用了查询推荐中的经典方法来为初始查询生成候选查询（Mei et al.，2008），即构建 Query-URL 二分图 $G = < V,E >$。其中，V 表示图中节点，由查询以及所点击的 URL 构成，E

表示图中边，是由查询与 URL 之间的点击关系构成，其权值是由点击的 CF-IQF 来确定，再利用随机游走遍历图的方法为每个初始查询返回排名前 500 的候选查询。在此基础上，笔者进一步利用 Song 等（Song et al.，2011a）所提出的方法挖掘初始查询的潜在子主题，即在利用词汇、点击以及语义相似度的基础上构建相似度矩阵，再运用 Affinity Propagation 对其进行聚类。经过聚类后，每个类簇表示初始查询中的某个潜在子主题，且每个主题是由类簇中所包含词来表示。最后，q_c'' 与初始查询 q 所包含子主题 z_i 之间的相关性 $P(q_c'' \mid z_i)$ 的计算方法如下：

$$P(q_c'' \mid z_i) = \frac{sim(q_c'', C_i)}{\sum_{C_j \in C} sim(q_c'', C_j)} \tag{9}$$

其中，C 表示表征初始查询子主题的类簇集合；$sim(q_c'', C_i)$ 表示候选查询 q'' 与类簇 C_i 之间的语义相似度，其值主要通过计算查询与类簇之间的向量相似性而得。其中，为了获得二者向量，首先利用 word2vec 中的 skip-gram 模型训练查询日志，即将每个查询视为一个句子，而将查询中包含的查询词视为一个词，以此来获得每个查询词的向量。在此基础上，通过平均查询中所包含词的向量的平均值来获得查询向量。同理，类簇向量主要是通过对类簇中所包含查询词向量的平均值而获得。

7.4.2　查询中潜在时间意图识别

已有研究表明，大规模的查询日志可提供丰富的时间信息，有助于理解查询背后隐含的时间意图。并且常用的识别查询中潜在时间意图的方法是通过计算基础查询如“olympic”或者“earthquake”在查询日志中与年份信息的共现频率来获得。基于此，本书提出了通过计算查询词与特定时间（如年份）之间的共现信息来获得其潜在时间意图。首先获得查询日志中相关的年份信息，然后为每个年份构建相关词库（词库中词汇与该年份在查询日志中共现于同一查询），再根据查询中所包含词在每个此表中的共现情况来识别该查询的时态意图。其中，$P(a, x)$ 表示查询词与某特定年份的共现概率：

$$P(a, x) = \frac{n_{a,x} + 1}{\sum_k n_{k,x}} \times \frac{|L|}{|L_a| + u} \tag{10}$$

其中，$n_{a,x}$ 表示查询词 a 与特定年份 x 共现的总频次，$\sum_k n_{k,x}$ 表示特定年份 x 中所包含词的总频次。$|L|$ 表示查询日志中所包含的不同年份数，$|L_a|$ 表示

包含了查询词 a 的词表数。U 为参数，本节将其值设置为 100。本节假设查询中所包含词之间是条件独立的，则查询 q'' 可能包含潜在时间意图 t'' 的概率 $P(t''|q'')$ 定义为：

$$P(t''|q'') = \prod_{w \in q''} P(w, t'') \tag{11}$$

其中，w 表示查询 q'' 中所含的某个词。针对每个查询，首先计算该查询与每个潜在时间意图之间的相关性，然后获得排名前 20 的时间意图，并将其视为查询的潜在意图。部件 $P(t|q)$ 也是通过以上公式计算而得。当确定查询的时间意图时，需要考虑以下两种情况：一种是查询中包含了显式时间信息，则将其直接作为时间意图；另一种是当查询不存在明显信息时，则采用以上公式计算。为了进一步计算概率 $P(q''_t|t)$，首先定义两查询意图之间的距离：

$$Pr(t_1, t_2) = \frac{1}{1 + \mathrm{e}^{-w + |t_1 - t_2|}} \tag{12}$$

其中，w 表示时间窗口，其值设置为 1。$P(q''_t|t)$ 最终被定义为：

$$P(q''_t|t) = \max_{t'' \in q''_t} Pr(t'', t) \tag{13}$$

其中，t 表示初始查询 q 中的潜在时间意图，t'' 表示候选查询 q'' 中的某个潜在时间意图。

7.4.3 其他模型部件的计算

本小节主要探讨组件 $P(z_i|q)$ 与 $P(q''_c|q)$ 的计算方法。在计算 $P(z_i|q)$ 时，假设初始查询中所包含的潜在主题是同等重要，于是得到：

$$P(z_i|q) = \frac{1}{|Z|}$$

其中，$|Z|$ 表示初始查询 q 中所包含的潜在主题数。另外，候选查询与初始查询之间的语义相似度为：

$$P(q''_c|q) = \frac{sim(q, q''_c)}{\sum_{q'''_c \in C_q} sim(q, q'''_c)}$$

其中，C_q 表示为初始查询 q 生成的候选查询集合，q'''_c 表示候选查询 q''' 的内容部分；$sim(q, q'''_c)$ 表示候选查询 q''' 与初始查询 q 之间的语义相似度，其值主要是根据随机游走 Query-URL 二部图的击中时间获得。

7.5　实验设置

本节主要探讨的研究问题有：（1）公式（4）中的参数 λ 的最优解；（2）本书提出的方法是否优于已有相关方法；（3）最终返回的候选查询推荐个数（参数 N）如何影响所提出模型的最终性能。

7.5.1　实验数据集

本书采用 AOL 查询日志作为实验数据集，时间跨度为 2006 年 3 月 1 日到 5 月 31 日，其格式如表 7−1 所示。在该表中，从左到右分别表示用户 ID、查询表达式、用户点击时间、被点击 URL 在结果列表中的排序和点击的 URL 地址。因原始数据集中包含许多噪音，本实验首先对其进行数据清理，如剔除导航类查询、包含色情词的查询、非字母字符（如 &、#、$ 等）、空白字符、标点符号、停用词以及包含了多余 100 个字符的查询等。本书将数据集分为训练数据集和测试数据集两部分，最终在训练集合与测试集合中分别获得了632532与289632个不同查询。另外，笔者利用正则表达式子在训练集合中获得了 110 个不同的年份信息，并且根据与每个年份共现的查询词为其构建了相关词汇表。需要指出的是，word2vec 模型训练以及 Query-URL 二元图的构建都是在清理后的训练数据集上进行的。

表 7−1　AOL 查询日志数据格式

User ID	Query	Query Time	Item Rank	Clicked URL
2722	military rental benefits	2006−03−10 09:32:38	4	http://www.valoans.com
2722	military rental benefits	2006−03−10 09:33:37	4	http://benefits.military.com
217	military car rental benefits	2006−03−10 09:33:37	8	http://www.avis.com
217	deers id cards	2006−03−10 10:32:02	1	
217	deers id cards army	2006−03−10 10:32:58	1	http://www.stewart.army.mil

7.5.2 相关性评价

由于目前缺乏对时间感知的多样化查询推荐进行相关性评估的公开数据集，很难对大量查询进行实验，笔者从测试数据中手动选取了 50 个时间模糊性查询作为测试查询集。又因当前缺乏相关的标准数据集来确定某个查询应该属于哪个类别，查询推荐多样化结果评估工作较难进行。为生成基准答案，笔者邀请了十名具有计算机技能的标注者来为每个测试查询所返回的候选查询进行相关性标注，且主要实现对子主题与查询之间的相关性标注。在标注过程中，要求标注者采用 5 级量化评测指标（4＝perfect，3＝excellent，1＝fair，0＝bad）来衡量候选查询与测试查询之间的相关程度。

为了在结果评估时实现对多样化推荐结果的奖励，本书采用两种多样化评价指标，即 $\alpha-n$DCDG（Clarke et al.，2008）和 ERR-IA（Chapelle et al.，2009），用于量化排名前 N 的候选查询覆盖查询 q 中所包含分面的程度。其中，给定一个初始查询 q 以及 N 值（即返回的候选查询个数），$\alpha-nDCG@N$ 指标的计算方法如下：

$$\alpha-nDCG@N=\sum_{i=1}^{N}\frac{\sum_{a\in A_p g_i\mid a}(1-\alpha)^{\sum_{j=1}^{i-1}g_{j\mid a}}}{\log(i+1)} \tag{14}$$

其中，a 表示查询分面集合 A_q 中的某个分面，$g_i\mid a$ 表示在为子主题 a 返回的第 i 个查询的子主题增益，本书采用了与 Chen 等（2018）提出的类似方法来进行计算。在计算 $\alpha-n$DCG@N 时，将 α 值设置为 0.5，使得相关性和多样性具有相同的权重。另外，ERR-IA 被定义为不同查询子主题的 ERR 值期望，且定义为：

$$ERR\text{-}IA(q,N)=\sum_{a\in A_q}P(a\mid q)ERR(a,N) \tag{15}$$

其中，$P(a\mid q)$ 表示在给定初始查询 q 的情况下分面 a 被观察到的概率，且其值设置为 $1/|A_q|$（$|A_q|$ 表示查询 q 所包含的查询分面数）。$ERR(a,N)$ 表示分面 a 的 ERR 期望值，且是通过独立计算每个分面而得。一般情况下，α-nDCG@N 与 ERR-IA@N 值越大，表明其推荐结果的多样化程度越高。仅评估推荐结果多样化是无意义的，还需进一步评价推荐结果是否与初始查询相关。本书进一步采用 MRR 指标评价推荐结果的相关性。给定一个初始查询 q 以及为该查询返回的排名前 N 的候选集合 $S(q)$，Reciprocal Rank(RR)@N 的计算过程如下：

$$RR@N = \begin{cases} \dfrac{1}{rankof\ q'' inS(q)}, q'' \in S(p) \\ 0,其他 \end{cases} \tag{16}$$

其中，q'' 表示为测试查询 q 返回的第一个相关查询。MRR@N 表示所有测试查询的 MRR@N 值的平均值。由于大多数已有查询推荐研究都假设搜索引擎通常为用户最多返回排序前十的候选查询，本书在采用相应评估指标时，将 N 值设置为 10。但是为了更加深入地分析相关模型的性能，笔者在实验时，对更多或者更少的候选查询做了如下工作。

1)基准实验。

本书选取了两个基准实验。(1)MMR:多样化研究领域中的经典模型，采用最大边际相关模型实现了查询推荐多样化；(2)DQS:采用马尔可夫随机游走遍历 Query-URL 图，再利用 Hitting Time 来实现查询推结果的多样化。

2)参数设置。

考虑到其他相关工作(无论是否与查询相关)在使用 word2vec 算法，窗口和向量维度的默认值分别为 5 和 300，本书也采用了相同的默认参数值设置。另外，LDA 模型训练时的主题参数值设置为 30.

7.6 实验结果分析

7.6.1 参数调节

本书首先通过对 temp-xQuaD 模型中的参数 λ 人工设置不同的值以获得该模型的相应性能结果值。具体而言，通过调节步长形式来获得相应性能的 MRR@10 与 α-nDCG@10，其结果如图 7—1 与 7—2 所示。

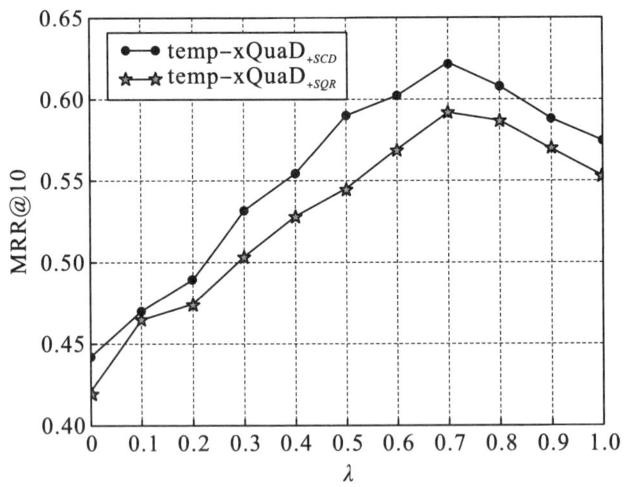

图 7−1　参数 λ 对 temp-xQuaD 方法性能的影响(MRR@10)

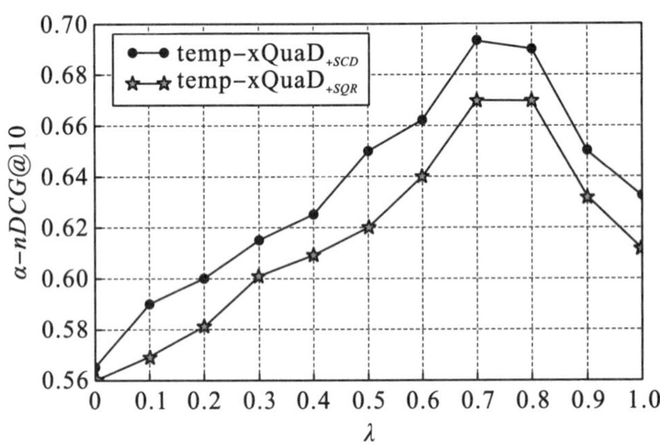

图 7−2　参数 λ 对 temp-xQuaD 方法性能的影响(α-nDCG@10)

从图 7−1 中数据可见，当 λ 值从 0 到 0.7 时，MRR@10 值随之不断增大；而当其值从 0.7 到 1.0 时，MRR@10 值不断减小，故当 λ 取值为 0.7 时，MRR@10 取得最大值。另从图 7−2 中数据可发现，当 λ 取值为 0.7 或 0.8 时，α-nDCG@10 取得了最大值。因此，λ 的最优解是 0.7。另外，当 λ =1 时，模型的性能优于当 λ =0 时的性能，由此可知，模型中仅考虑新颖性时的性能优于仅考虑相关性的性能。

7.6.2　最终实验结果

表 7－2　不同方法的实验性能对比

Method	MRR@10	ERR-IA@10	α-nDCG@10
MMR	0.4621	0.3601	0.6031
DQS	0.4831	0.3731	0.6142
temp-IA-select＋SQR	0.5123	0.3850	0.6532$^{\triangle}$
temp-IA-select＋SCD	0.5456$^{\triangle}$	0.4039$^{\triangle}$	0.6831$^{\triangle}$
temp-xQuaD＋SQR	0.5920$^{\triangle}$	0.3987$^{\triangle}$	0.6701$^{\triangle}$
temp-xQuaD＋SCD	**0.6221**$^{\triangle}$	**0.4130**$^{\triangle}$	**0.6933**$^{\triangle}$

注：表中上标中的符号$^{\triangle}$表示本书方法与最佳基准之间具有显著性差异（双尾 t 检验，$p<0.05$）。每列中表现最好的都是粗体字。

由表 7－2 中数据可知，通过指标 MRR、ERR-IA@10 与 α-nDCG@10 的测度，DQS 的性能优于 MMR 方法。因此，在后面的对照实验中，本书只将新提出模型与 DQS 模型进行比较。从以上数据可知，选取的基础方法最终性能值与相关研究的值存在差异，其主要原因在于：已有研究中并未公开其测试查询，并且本书数据预处理方法与基准方法存在一定差异。从以上数据可知，在指标 MRR @10 与 ERR-IA@10 方面，两种模型的性能都显著性优于基准实验中的性能，其可能原因在于本书所提出的多样化方法能有效将涉及事件的查询进行有效区分，以此返回覆盖初始查询不同分面的候选查询。

表 7－3 与表 7－4 分别展示了不同方法为查询“Olympic” 与“earthquake”生成的排序前十的查询推荐结果。从这两个表中可以看出，相对于基准方法，本书提出的方法更能生成相关查询；并且，也可以发现本书所提出的方法（即 temp-IA-select＋SCD 与 temp-xQuaD＋SCD）能产生覆盖不同时间片段事件的多样化查询结果。除此之外，这些模型中返回了更多具有隐含时间意图的候选查询。这一现象表明，新方法更有可能区分一些具有隐含时间意向的候选查询之间的差异。因此，可以再次得出结论，与基线 DQS 相比，本书所提出的方法获得了更好的性能。

表 7-3　不同方法为查询“Olympic” 生成的排序前十的查询推荐

DQS	temp-IA-select+SCD	temp-xQuaD+SCD
Olympic paint	2002 winter Olympic	Olympic sydney
jimmy carter timeline	chase bank	1984 Olympic coins
2004 Olympic	1924 Olympic	1955 special Olympics issues price
junior Olympic	1984 Olympic conshohocken	prosports boats
2000 Olympic	greek Olympic	2002 winter Olympic
radium mental	Olympic torch bearers	Olympic torch bearers
food channel	food channel	Olympic mascot
lashio map	2002 Olympic	2004 Olympic
1980 men Olympics hockey	ncca	map of greek
lottery	winter Olympicitaly	winter Olympicitaly

表 7-4　不同方法为查询“earthquake” 生成的排序前十的查询推荐

MMR	temp-IA-select+SCD	temp-xQuaD+SCD
Japanese maps	1985 mexico city earthquakes	san franscisco earthquake
1989 earthquakes	1989 earthquakes	1920 earthquakes inchina
types of earthquakes	newspaper article	india ocea earthquake
earthquake and animals	1906 san francisco	science image
recent earthquake	virtual earthquake	1989 earthquakes
earthquake 2006	messina earthquake	1995 earthquake inkobe japan
Georgia counties	map ofjapan	moundmn
Japanese volcanoes	earthquake 2006	earthquake newzealand
assurance disasters	earthquakes Iranian	1985 mexico city earthquakes
earthquake damage	1964 march 27 alaskan earth	interiorspeakerz for car

7.6.3　*N* 值对实验结果的影响

本书通过设置不同的 N 值(即 $N=5,10,15,20$)来测试不同的实验性能，其最终结果通过指标 MRR@N 与 nDCG@N 加以评估。从图 7-3 中数据可以看出，当 N 增加(也就是说返回候选查询数增加)时，MRR@N 的值也随之增大。

该结果表明，随着候选查询的增加，可提高返回基准查询推荐的概率。从图 7－4 中数据可以看出，随着 N 值增加，最终的 nDCG@N 值也增大。另外，模型在 nDCG@N 值的小于 MRR@N 值，例如，在 N＝5、10 与 20 时，该模型相对基准实验的增加度分别为 2.4％、8.1％与 10.9％。主要是因为返回的候选查询越多，生成相关查询的可能性越大，并且这些使得模型相对基准方法性能提升的可能性也越大。在采用查询多样性指标 α -nDCG@N（N＝5，10，15 与 20）时，模型相对基准方法的提升度小于采用 MMR 指标的提升度。例如，temp-IA-select＋SQ 方法在 N＝5，10，15，20 时，相对基准方法的提升度分别为 2.4％、8.1％、10.4％以及 10.9％。由此可以得出结论，N 值越大，本书所提出模型相对基准方法提升度越高。

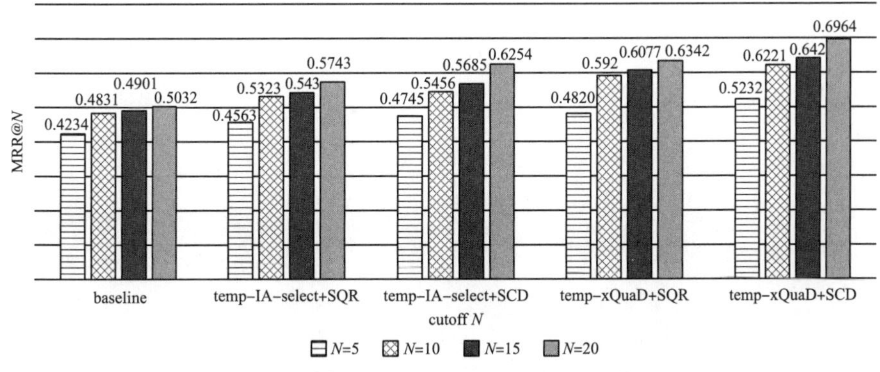

图 7－3　不同方法在 MRR@N 指标中所表现出的性能

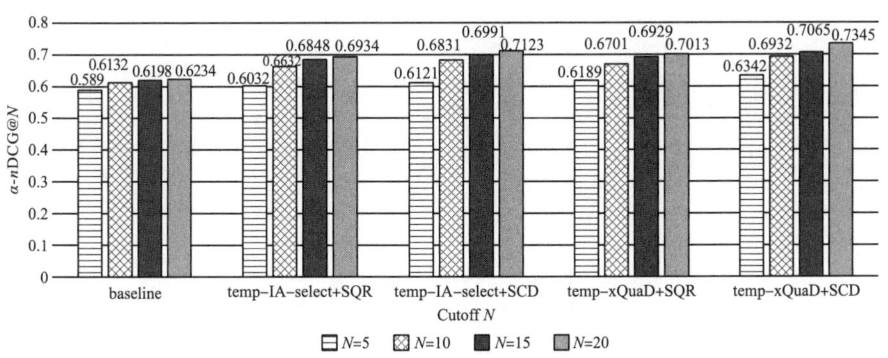

图 7－4　不同方法在 α -nDCG@N 指标中所表现出的性能

7.7　研究小结

本书针对时态模糊性查询提出了基于时间和语义空间相结合的多维度多样

化框架，生成了多样化的查询推荐结果。并且所提出模型能为初始查询生成不同时间的查询建议。最终研究结果表明，本书所提出的模型优于已有模型。另外，笔者相信本书所提出模型可以应用于多个研究领域，比如实验性的信息检索系统、网络搜索引擎、档案检索和数字图书馆等。作为未来的研究工作，笔者将在其他数据集上进一步研究本书所提出模型的有效性，并进一步研究如何利用多不相关但不独立的维度实现多样化以及进一步考虑更具细粒度的实验信息(如月份或者日期)。

8　利用嵌入式方法实现个性化查询重构

8.1　引言

作为用户查找网络信息的必备工具之一，搜索引擎在一定程度上降低了用户查找信息的难度，但搜索引擎基于关键词组合来搜索信息，从而导致用户提交给搜索引擎的有限关键词常常不能完整地表达其信息需求。为解决此问题，搜索引擎服务提供商如 Google 等通过提供查询推荐(指根据用户键入的初始查询,搜索引擎向用户推荐一组与原查询相似或相关的查询供用户参考,以帮助用户构造新的查询)服务来帮助用户准确定位其信息需求。其中,搜索引擎主要提供查询自动补全(Query Auto-Completion)与查询重构(Query Reformulation)两种查询推荐服务。查询自动补全推荐服务(Whiting et al.,2014)是用户在搜索框中键入查询前缀时,自动为用户补全相关信息;而查询重构推荐服务是指当用户已经向搜索引擎提交查询后在查询返回结果页面中提供的查询重构(即对初始查询进行删除、添加或者替换词)服务。Song 等(Song et al.,2012)通过研究观察发现,查询添加和查询替换是用户常采用的查询重构方式,且用户在多数情况下通过对原始查询中替换或添加一个词来生成满意查询。基于此结论,目前查询重构的研究大多集中探讨单个词的查询重构。鉴于此,本书主要探讨查询重构中单个词的查询添加与替换,且考虑了用户的个人偏好。

目前为止,基于日志方法是当前生成候选查询重构的主流方法,且主要包括以下两个子任务:(1)生成候选查询重构。基于如下假设:若两查询词具有相同的上下文(即与某查询词共现于同一查询中的查询词),则二者可作为彼此的候选替换查询词;若某查询词与该查询中的其他查询词经常共现于同一查询,则该词可被添加到该查询中。(2)候选查询重构的重排序。利用用户提交的历史查询来为用户构建伪文档,再利用 LDA 对其进行潜在主题分析以获得每个词的潜在主题,最后利用隐马尔科夫(HMM)模型根据词之间的依存性、主题依存性以及用户偏好来建模,以此对候选查询进行排序。已有方法虽取得了一定成效,但仍然存在如下缺陷:(1)在生成替换候选查询重构时,采用基于共现现象来生成候选查询,从而忽略了查询词之间是否具有语义相关性;(2)只在对候选查询重构进行排序时考虑到用户个性化。而实际上,不同用户偏好于选择不同的查询词来重构查询,故在生成候选查询重构时也需考虑用户个性化;(3)候选查询重构重排序中常忽略了潜在主题的上下文信息,因通过 LDA 模型只能获得每个主题下的词分布而忽略了每个主题的上下文词分布信息,但是在衡量词之间的语义依存性以及主题依存性时,主题的上下文信息尤为重要。

词嵌入(Word Embedding)是自然语言处理(NLP)中语言模型与表征学习技术的统称。从概念上而言,它是指把一个维数为所有词数量的高维空间嵌入一个低维的连续向量空间中,每个单词或者词组被映射为实数领域上的向量,所生成的向量既能捕捉该词的上下文信息也能获得其语义信息,且词之间的向量相似度能表明词之间的语义或者上下文相似度。更重要的是,词嵌入技术已经应用于查询或者查询词的相关研究中。因此,笔者假设基于上下文相似度的查询重构方法能从词嵌入中获益。基于此,本书的主要研究目标是利用词嵌入技术获得能用于计算上下文相似性的相关有效文本特征。总之,与已有工作相比,本书的主要创新点在于:(1)在候选查询重构时,本书利用词嵌入式方法来为每个查询词获得上下文信息;(2)在生成候选查询重构时,融合了用户偏好信息;(3)在对候选查询进行排序时,利用主题-嵌入式分析来获得每个主题的上下文词分布,基于词或者主题向量来对词之间的语义依存性、主题之间依存性以及用户偏好来构建模型。

8.2 相关研究

与本书研究相关的工作主要包括基于查询日志的查询推荐研究与词嵌入在信息检索中的应用研究。

8.2.1 基于查询日志的查询推荐研究

查询推荐的研究始于 20 世纪 90 年代(Efthimiadis,1996),因其具有重要的应用前景和研究价值,得到了工业界和学术界的广泛关注,且主流的查询推荐方法主要有基于简单共现信息、基于点击信息与基于图模型的方法。基于查询日志共现方法的核心思想为:根据查询会话(Session)中的共现信息,利用互信息

(Huang et al. ,2003;Jones et al. ,2006)、关联规则(Fonseca et al. ,2003;Shi et al. ,2006)、相似度算法(Jensen et al. ,2006;Zhang et al. ,2006;Zeng et al. ,2006)等来度量查询间的相关性,以此实现查询推荐(李亚楠等,2010);基于点击信息方法是根据候选查询与原查询点击共同文档的情况来对候选查询进行排序,主要基于如下假设:两个查询共同点击的文档越大,作为彼此之间的候选查询推荐的可能性越大,常用的是基于用户点击信息的聚类方法(Baeza-Yates et al. ,2004;Cao et al. ,2008);基于图模型的查询推荐的提出是为了解决具有间接关系查询间的有效推荐,该方法主要通过图中节点关系来表达查询间关系,再利用图遍历思想来实现查询推荐。最初方法是构建查询流动图,即利用查询日志中的会话信息,将不同查询连接起来构成同质有向图,通过随机游走方式(Random Walk)来实现推荐候选查询(Boldi et al. ,2009; Albakour et al. ,2011)。为了将查询日志中的点击信息融合到图模型中,一些学者提出了查询－点击二分图方法(Mei et al. ,2008;Song et al. ,2012;Sadikov et al. ,2010),即在查询流动图的基础上进一步考虑查询与点击 URL 之间的关系。

除了以上方法之外,相关学者也尝试将信息检索领域中的最新技术方法运用到查询推荐中,如 Jiang 等(Jiang et al. ,2014)和 Shokouhi 等(Shokouhi et al. ,2013)提出利用学习排序(Learning to Rank)模型来实现对个性化查询补全排序,其中所采用的特征有:用户的年龄、性别、地理位置以及长时间与短时间的行为信息;Ozertem 等(Ozertem et al. ,2012)利用学习排序方法在查询中选取分类特征,以此来训练排序模型;Sordoni 等(Sordoni et al. ,2015)尝试将 RNN 模型应用到查询推荐中,且提出了层级的 Reccurent Encoder-Decoder 模型,以此实现基于语义和上下文的查询推荐。

以上研究均未考虑用户在获取满意查询时所从事的具体查询重构行为，仅有少量研究者做了相关研究,如 Wang 等(Wang et al. ,2008)利用每个查询词的上下文相似度来生成候选查询替换以及候选查询添加,再利用基于上下文相似度的转移模型来对候选查询进行重新排序。基于以上研究,Bing 等(Bing et al. ,2011)利用与 Wang 等(Wang et al. ,2008)相同的生成候选查询推荐方法,再利用图模型来构建查询词之间依存性、潜在主题之间依存性以及用户偏好来对候选查询进行重排序。

8.2.2　词嵌入在信息检索中的应用研究

词嵌入已被用来训练单词的向量空间表示(Mikolov et al. ,2013;Mikolov et al. ,2013)。除了单词之外,该技术已被应用于信息检索中训练更高级别的文本元素,如句子与段落(Bordes et al. ,2013)、实体之间关系(Kiros et al. ,2014)、实体(Van Gysel et al. ,2016)及图片的文本描述(Kiros et al. ,2014)等。其中,词嵌入已被应用于信息检索中与查询相关的研究,如 Grbovic 等(Grbovic et al. ,2015)提出了能融合查询中上下文与 Session 中上下文的查询嵌入算法来实现查询重写;Daiz 等(Diaz et al. ,2016)认为局部嵌入不仅能比全局嵌入更好地捕获特定主题语言的细微差别,还能提升查询扩展的性能;Zamani 等(Zamani et al. ,2016)引入了伪查询(Pseudo-Query)向量,即利用伪相关文档来训练查询的嵌入式向量。与已有相关研究不同的是,本书主要利用词嵌入技术来实现个性化查询重构。

8.3 相关模型

与 Wang 等(Wang et al. ,2008)中方法类似,本书中的查询重构方法也主要包括以下两项子任务:(1)通过对初始查询替换或者添加词来生成候选查询重构;(2)利用 HMM 模型来对候选查询重构进行重排序。笔者将在下文中首先分别对每个子任务中的模型进行详细介绍,然后再详述候选查询生成与排序中所涉及的 embeddings 技术。

8.3.1 候选查询生成

1)候选查询替换生成。

本节基于词级别生成查询重构,即通过替换或者添加单个词来生成候选查询重构。给定一个查询 $q = w_1 w_2 \cdots w_{i-1} w_i w_{i+1} \cdots w_n$,查询替换的任务界定为,将查询 q 中任意一个词 w_i 替换为相关的词 s,从而生成新的候选查询 $q' = w_1 w_2 \cdots w_{i-1} s w_{i+1} \cdots w_n$,查询词 s 需与查询词 w_i 与查询 q 的语义相同。另本节假设不同用户在替换词时会偏好于某些词,则查询 s 还需满足用户的个性化需求。因此,对于一个特定给用户 u 来说,在给定上下文 $w_1 w_2 \cdots w_{i-1}\_ w_{i+1} \cdots w_n$ 的情况下,查询词 s 替换词 w_i 的概率为 $P(+k \mid w_1 w_2 \cdots w_{i-1} w_i, w_{i+1} \cdots w_n, u)$,且本书用 $t(w_i \rightarrow k \mid q, u)$ 来表示查询替换模式,其推导过程如下:

$$
\begin{aligned}
t(w_i \rightarrow k \mid q,u) &= P(k \mid w_i : w_1 w_2 \cdots w_{i-1}\_w_{i+1} \cdots w_n, u) \\
&\propto P(w_i : w_1 w_2 \cdots w_{i-1}\_ w_{i+1} \cdots w_n \mid k) * P(k) \\
&\propto t(w_i \mid k) P(k) P(w_i : w_1 w_2 \cdots w_{i-1}\_w_{i+1} \cdots w_n, u \mid k) \\
&\propto t(k \mid w_i) P(w_1 w_2 \cdots w_{i-1}\_ w_{i+1} \cdots w_n, u \mid k)
\end{aligned}
$$

$$\propto t(k|w_i)P(w_1 w_2 \cdots w_{i-1}\_ w_{i+1} \cdots w_n|k)P(u|k)$$
$$\propto t(k|w_i)P(w_1 w_2 \cdots w_{i-1}\_ w_{i+1} \cdots w_n \mid k)P(k|u)/P(k) \tag{1}$$

需要指出的是，在以上公式推导中，本书假设 $w_1 w_2 \cdots w_{i-1}\_ w_{i+1} \cdots w_n$ 与 u 是相互独立的。其中，$P(k)$ 表示词 k 出现的先验概率，即该词在训练集中出现的频率；$P(w_1 w_2 \cdots w_{i-1}\_ w_{i+1} \cdots w_n|k)$ 表示新词 k 符合该查询上下文的概率，其计算方法参见 Wang 等(Wang et al. ,2008)；$t(k|w_i)$ 表示词 w_i 转换到词 k 的概率；$P(k|u)$ 表示用户偏好词 k 的概率。其中，本节将概率 $t(k|w_i)$ 和 $P(k|u)$ 分别定义为：

$$t(k|w_i)=\frac{\exp(\cos(k,w_i))}{\sum_{w\in T}\exp(\cos(w,w_i))} \tag{2}$$

$$P(k|u)=\frac{\exp(\cos(k,u))}{\sum_{w\in T}\exp(\cos(w,u))} \tag{3}$$

其中，$\cos(k,w_i)$ 表示查询词 k 与词 w_i 之间的向量相似度。同理，$\cos(k,u)$ 表示用户 u 与词 k 之间的向量相似度。需要指出的是，该公式中的词向量与用户向量均是在词嵌入技术上生成，具体生成过程将在下文有详细介绍。

对于初始查询 $q=w_1 w_2 \cdots w_{i-1} w_i w_{i+1} \cdots w_n$ 来说，共有 n 个位置可以做单个词的查询替换。对于 q 中任意位置 m（$1 \leqslant m \leqslant n$）来说，本书首先利用公式(1)计算该位置上词 w_m 与候选词汇表 T 中所有词的相似性，并根据相似度分数对该位置上的所有候选查询词进行排序，且获得排序前 100 的候选词，再利用 NMI 阈值(Wang et al. ,2008)进一步剔除这 100 个候选词中的噪音词，最后用保留下的候选查询词分别替换初始查询中词 w_m 而生成候选查询重构，即生成的候选查询重构与原始查询具有相同长度且仅存在一词之差。对初始查询中每个位置进行遍历后，可获得每个位置上的候选查询重构集，本书再对所有位置上的候选查询集进行融合从而得到最终的候选查询重构列表。

2)候选查询添加生成。

给定一个由用户 u 提交的初始查询 $q=w_1 w_2 \cdots w_{i-1} w_i w_{i+1} \cdots w_n$，查询添加的任务是将相关词 k 添加到查询 q 中第 i($1 \leqslant i \leqslant n$) 个位置上，从而形成新的查询 $q'=w_1 w_2 \cdots w_{i-1} k, w_i w_{i+1} \cdots w_n$。其中，新词 k 需与查询 q 的语义相同，且满足用户 u 的个性化需求。该任务可用 $P(+k|q,u)$ 来表示查询添加模式 $P(+k|w_1 w_2 \cdots w_{i-1} w_i w_{i+1} \cdots w_n, u)$，且 $P(+k|q,u)$ 的推导过程如下：

$$
\begin{aligned}
P(+k \mid q,u) &= P(+k \mid w_1 w_2 \cdots w_{i-1}\, w_i\, w_{i+1} \cdots w_n, u) \\
&\propto P(w_1\, w_2 \cdots w_{i-1}\, w_i\, w_{i+1} \cdots w_n, u \mid k) * P(k) \\
&\propto P(w_1\, w_2 \cdots w_{i-1}\, w_i\, w_{i+1} \cdots w_n \mid k) * P(u \mid k) * P(k) \\
&\propto P(w_1\, w_2 \cdots w_{i-1}\, w_i\, w_{i+1} \cdots w_n \mid k) * P(k \mid u) \qquad (4)
\end{aligned}
$$

与公式(1)类似,本书在以上推导公式中也假设 $w_1\, w_2 \cdots w_{i-1}\_\, w_{i+1} \cdots w_n$ 与 u 是相互独立的,且概率 $P(w_1\, w_2 \cdots w_{i-1}\_\, w_{i+1} \cdots w_n \mid k)$ 与 $P(k \mid u)$ 所表达的含义与公式(1)相同。

对于查询 $q = w_1\, w_2 \cdots w_{i-1}\, w_i\, w_{i+1} \cdots w_n$ 来说,总共有 $n+1$ 个位置可添加查询词。对于 q 中任意位置 m ($1 \leqslant m \leqslant n$)来说,本节利用公式(4)计算该位置上词与词汇表 T 中所有词的语义相似性,并根据相似度分数对候选查询词进行排序,且获得排序前 100 的候选词,再将这些候选查询词分别添加到初始查询的位置 m 中而生成候选查询重构,即候选查询重构相对初始查询要多出一个新查询词。本节首先遍历查询 q 中的每个位置,获得每个位置上的候选查询重构集,再对 q 中所有位置上的候选查询重构集进行融合而得到最终的候选查询重构列表。

8.3.2 候选查询排序

在候选查询排序中,本节主要对候选查询中词之间的语义相似性进行建模。首先通过帮助每个用户搜集其提交的所有历史查询以为该用户构建伪文档,然后利用 LDA (Latent Dirichlet Allocation)在伪文档数据集中进行潜在语义分析,能在某个特定文档中获得每个词的特定主题(Liu et al. ,2015)以及每个文档的主题分布,二者将会被用于候选查询排序和主题 embeddings 中,在此基础上,采用 Bing 等(Bing et al. ,2011)提出的基于隐马尔科夫模型(HMM)的排序方法,其模型示意如图 8−1 所示。在该图中,假设一个候选查询为 $q' = w_1'\, w_2 \cdots w_{r-1}'\, w_r'\, w_{r+1}' \cdots w_n'$,其下标表示词在查询中位置,词 w_r' 的潜在主题表示为 z_r,且该模型中的查询词被设为可观察状态(如图 8−1 中实心圆),而每个词的潜在主题被设为不可观察状态(如图 8−1 中空心圆)。

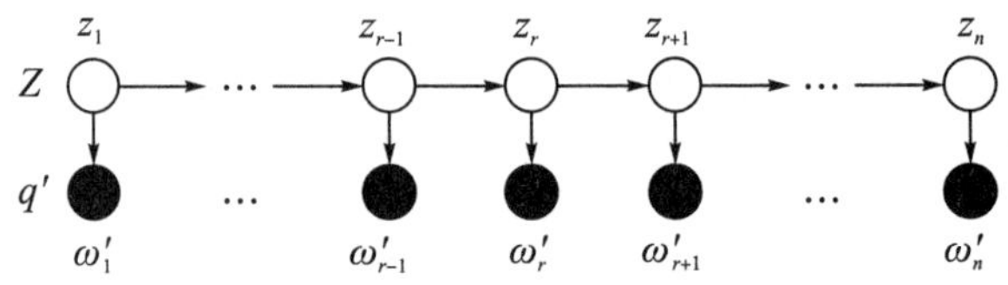

图 8−1 候选查询的排序模型示意

该模型主要通过计算候选查询中词的边界联合概率[记为 $P(w'_{1:n})$]而获得该查询的最终得分。其中,该查询中词的潜在隐式主题序列记为 $z_{1:n}$,查询中词序列与主题序列的联合可进一步表示为:

$$P(w'_{1:n}) = \sum_{z_{1:n}} P(w'_{1:n}, z_{1:n}) \tag{5}$$

由于该模型中存在依存结构,主题序列和词序列的联合概率可进一步表示为:

$$P(w'_{1:n}, z_{1:n}) = \prod_{r=1}^{n} P(w_r{}' \mid z_r) P(z_1) \prod_{r=2}^{n} P(z_r \mid z_{r-1}) \tag{6}$$

其中,$P(w_r{}' \mid z_r)$ 表示主题(隐藏状态)转移到词(可观察状态)之间的关系,$P(z_r \mid z_{r-1})$ 表示两主题之间的转移概率,即从一个隐藏状态转移到下一个隐藏状态的概率。为了能在排序模型中进一步考虑用户个性化因素,该排序模型进一步融合了用户偏好信息。如上文所述,在对用户伪文档进行 LDA 分析后,会生成每个文档的主题分布,则该主题分布被视为某用户的所偏好的主题分布。其中,$\pi^u = \pi_1^u, \pi_2^u, \cdots, \pi_{|Z|}^u$ 表示用户 u 的伪文档,$\pi_i^u = P(z_i \mid u)$ 表示用户偏好概率。其中,$\sum_i \pi_i^u$ 的值为 1,故根据用户偏好对候选查询进行排序可以表示为:

$$P(w'_{1:n}, z_{1:n}) = \prod_{r=1}^{n} P(w'_r \mid z_r)\, \pi_{z_1}^u \prod_{r=2}^{n} P(z_r = z_i \mid z_{r-1} = z_j) \tag{7}$$

为了有效计算 $P(w'_{1:n})$,该模型借用了 HMM 模型中前向变量 $\alpha_r(r)$ 的思想,即公式(7)可进一步表示为:

$$\alpha_r(i) \triangleq P(w'_{1:n}, z_r = z_i) \tag{8}$$

$\alpha_r(i)$ 表示在当前位置 r 查询词的主题为 z_i 的情况下查询 $q' = w'_{1:n}$ 的排序分数。当 $r=1$ 时,$\alpha_r(i) = \pi_i^u P(w'_r \mid z_i)$。因此,$\alpha$ 计算的递归公式为:

$$\alpha_r(i) = \Big[\sum_{z_j \in Z} \alpha_{r-1}(j) P(z_r = z_i \mid z_{r-1} = z_j)\Big] P(w'_r \mid z_r = z_i) \tag{9}$$

其中,假设 $P(z_r = z_i \mid z_{r-1} = z_j)$ 与 $P(w'_r \mid z_r = z_i)$ 不依赖于具体的位置信息,故分别等价于 $P(z_i \mid z_j)$ 与 $P(w'_r \mid z_i)$。最后,候选查询 q' 的分数记为 $QS(q')$,其值是通过对 $\alpha_n(i)$ 所有可能的 z_i 进行求和:

$$QS(q') = P(w'_{1:n}) = \sum_{z_i \in Z} \alpha_n(i) \tag{10}$$

考虑针对同一输入查询可能会产生不同长度的候选查询，如部分候选查询可能是通过替换一个词，而另外候选查询时通过添加一个词产生，为了能让不同长度的查询进行有效对比，本书进一步考虑根据查询长度对最终的排序分数进行标准化，参见公式(11)所示：

$$QS'(q') = \frac{QS(q')}{|q'|} \tag{11}$$

其中，$QS(q')$ 的计算方法参见公式(10)所示，$|q'|$ 表示查询 q' 中所包含的查询词个数。总之，为候选查询进行排序时，该模型中需要对三个参数进行建模，即 $P(z_i|u)$ 、$P(z_i|z_j)$ 与 $P(t_i|z_j)$，其具体计算方法如下：

$$P(z_i|z_j) = \frac{\exp(\cos(z_j, z_i))}{\sum_{z\in Z}\exp(\cos(z,z_j))} \tag{12}$$

$$P(w'_r|z_i) = \frac{\exp(\cos(w'_r,z_i))}{\sum_{w\in T}\exp(\cos(w,z_i))} \tag{13}$$

$$P(z_i \mid u) = \frac{\exp(\cos(z_i,u))}{\sum_{z\in Z}\exp(\cos(z,u))} \tag{14}$$

其中，$\cos(z_j,z_i)$、$\cos(w'_r,z_i)$ 与 $\cos(z_i,u)$ 分别表示两个向量之间的余弦相似度。需要指出的是，该公式中的词向量、用户向量与主题向量均是在嵌入技术上生成，具体过程将在下文有详细介绍。

8.3.3 嵌入

笔者主要利用词嵌入式来获得每个查询词的上下文信息以生成候选查询，且利用主题-词嵌入式方法来为候选查询排序设置相关参数。

1)查询词嵌入(Term Embeddings)。

查询词嵌入的基本思想是将查询日志中每个查询视为“句子”，而查询中的每个词视为“词”，其目的是预测一个查询词在查询中周围的查询词。本节采用skip-gram 模型来训练获得每个查询词的向量，其目的是在训练集合中将如下目标函数的值最大化：

$$L = \sum_{q\in Q}\sum_{w_m \in q}\sum_{-b<i<b,i\neq 0}\log P(w_{m+i}|w_m) \tag{15}$$

其中，概率 $P(w_{m+i}|w_n)$ 表示给定当前查询词 w_m 观察到邻近查询词 w_{m+i} 的概率，且该概率根据 Soft-Max 的定义如下：

$$P(w_{m+i} \mid w_m) = \frac{\exp\ (\boldsymbol{v}_{w_m}^{\mathrm{T}} \cdot \boldsymbol{v}'_{w_{m+i}})}{\sum_{w=1}^{V} \exp\ (\boldsymbol{v}_{w_m}^{\mathrm{T}} \cdot \boldsymbol{v}'_{w})} \tag{16}$$

其中，$\boldsymbol{v}_w$ 与 $\boldsymbol{v}'_w$ 分别表示查询词 w 的输入与输出向量，b 表示在查询中某词的上下文长度；且 V 表示在词典中不同查询词的个数。

2)用户嵌入(User Embeddings)。

本节假设用户所提交的词能表达用户的兴趣爱好，故通过综合考虑用户所提交词的向量来获得表征用户兴趣的向量。本书中并非将用户所提交的查询词同等对待，而是基于如下假设：被某用户提交越频繁且被越少的其他用户提交，该词就越有可能表达用户的偏好。本书在此利用 Tf-Idf 对每个词进行加权，且某个用户 u 的向量 $\boldsymbol{v}_u$ 被定义为：

$$\boldsymbol{v}_u = \sum_{e \in M} \frac{count(e)}{\sum_{m \in M} count(m)} \times \log \frac{|U|}{1 + \{u \in U, e \in u\}} \boldsymbol{v}_e \tag{17}$$

其中，M 表示用户 u 所提交的查询词集合，$\boldsymbol{v}_e$ 表示词 e 的向量，$count(e)$ 表示查询词 e 被用户 u 提交的频次；$|U|$ 表示数据集中用户总数；$\{u \in U, e \in u\}$ 表示提交了查询词 e 的用户个数。

3)主题嵌入(Topic Embeddings)。

主题嵌入的主要思想是将每个主题视为一个伪查询词，以此为某候选潜在主题分配相关的邻近词，通过训练而得到最后每个潜在主题的词向量，其向量表示了每个主题的邻近词分布情况。具体而言，主题嵌入的目的是在训练数据集中使得如下概率值最大化：

$$L_1 = \sum_{q \in Q} \sum_{w_m \in q} \sum_{-d \leqslant i \leqslant d, i \neq 0} \log P\ (w_{m+i} \mid w_m = z_j) \tag{18}$$

其中，$P\ (w_{m+i} \mid w_m = z_j)$ 表示给定潜在主题 z_j (文档中每个词的主题如是通过对用户伪文档进行 LDA 分析后而得到)的情况下，观察到邻近词 w_{m+i} 的概率，且该概率值通过 Soft-Max 来定义：

$$P(w_{m+i} \mid w_m = z_j) = \frac{\exp\ \{\boldsymbol{v}_{z_j}^{\mathrm{T}}\ \boldsymbol{v}'_{w_{m+i}}\}}{\sum_{w=1}^{V} \exp\ \{\boldsymbol{v}_{z_j}^{\mathrm{T}}\ \boldsymbol{v}'_{w}\}} \tag{19}$$

其中，$\boldsymbol{v}_{z_j}^{\mathrm{T}}$ 表示主题 z_j 的输入向量，$\boldsymbol{v}_m$ 表示词 w 的输出向量。

8.4 实验构建

本节主要探讨的研究问题有:(1)本书所提出的方法是否优于已有相关方法;(2)本书的候选查询重构生成方法是否优于其他相关研究方法;(3)本书的候选查询重构排序方法是否优其他排序方法;(4)本书方法在不同出现频次查询中的实验效果如何;(5)主题数对本书实验结果的影响。

8.4.1 数据集

本书采用 AOL 查询日志作为实验数据集,时间跨度为 2006 年 3 月 1 日到 5 月 31 日,其格式如图 8－2 所示。在该图中,从左到右分别表示用户 ID、查询表达式、用户点击时间、被点击 URL 在结果列表中的排序和点击的 URL 地址。因原始数据集中包含中许多噪音,本实验首先对其进行数据清理,如剔除导航类查询与包含色情词查询、停用词处理等。本节将数据集分为训练数据集和测试数据集两部分。其中,训练数据集包含前两个月的查询数据而测试集包含后一个月的数据。本书利用“10 分钟划分法”来识别 Session 的边界,且为每个 Session 剔除了重复查询。最后,本书剔除了少于两个查询或不包含点击文档的 Session。在构建用户伪文档时,只是对同时存在于训练集和测试集的用户构建伪文档,且删了包含少于 100 个不同查询的伪文档,最后获得了 11956 个用户伪文档,且查询词与主题嵌入均在用户伪文档集中进行训练。

217 bestasiancompany. com	2006－03－20	15:15:43	1	http://www. bestasiancompany. com
217 lottery	2006－03－27	14:10:38	1	http://www. calottery. com
217 lottery	2006－03－27	16:34:59	1	http://www. calottery. com
217 ask. com	2006－03－31	14:31:10	1	http://www. ask. com

图 8－2 AOL 数据集格式

8.4.2 实验评测与基准实验

基于如下事实：在每个 Session 中，当用户对当前查询不满意时，则会修改查询继续进行搜索，直到构建出能表达其信息需求的查询。本节将 Session 中的查询分为满意查询和不满意查询两类（Bing et al.，2011）。其中，位于 Session 的结束且用户提交该查询后至少点击了一个 URL 地址，则该查询将被视为满意查询；而在同一 Session 中位于满意查询之前的查询被视为不满意查询。需指出的是，本节只是保留了用户同时存在于测试集与训练集中的Session。最后，本书在测试集合中分别获得 15336 个单个词添加的 Session 以及 57556 个单个词替换的 Session。本书所采用的评测指标为 Recall@K，即若在排名靠前 K 的候选查询中返回了满意查询，则说明该查询推荐是成功的。另本书通过统计发现，约 70%不满意查询的满意查询未出现在测试集合中，则表明本书方法无法对此部分的不满意查询返回满意查询。为了判断本书方法是否优于其他方法，本书以 Wang 等（Wang et al.，2008）与 Bing 等（Bing et al.，2011）方法作为基准方法，且这两类方法在本节中分别简称为“CTA”与“TALP”。

8.4.3 相关参数设置

本书实验中所有 Embedding（即查询词嵌入与主题嵌入）的向量维度均被设置为 200。另外，本书将查询词嵌入以及主题嵌入中的上下文窗口均设置为 5，嵌入式模型通过随机梯度上升来进行优化（Stochastic Gradient Ascent ）。在生成候选查询时，本节利用训练集中出现频次排序前 100000 的词来构建候选词集合 T 。在生成候选查询替换时，本书将 NMI 设置为 0.001 来进一步过滤噪声词。在利用 LDA 进行潜在主题分析时，本节将潜在主题数设置为 100，且迭代次数设置为 100。考虑到某些高频词如 Google，Yahoo!，Facebook，The ，a 等对词向量训练作用不大，本节进一步采用子抽样方法（Subsampling Approach）过滤掉这些高频词，其公式为：

$$P(w_i) = 1 - \sqrt{\frac{\tau}{f(w_i)}}$$

其中，$P(w_i)$ 表示查询词 w_i 被丢弃的概率；$f(w_i)$ 表示查询词 w_i 在训练集合中出现的频次；τ 表示为需人工设置的参数，本节将其值设置为10^{-5}。

8.5 实验结果分析

8.5.1 实验整体结果对比

需要指出的是，为回答第一个研究问题，本书主要进行了以下两类实验。第一类实验分别探讨查询替换与查询添加的实验效果，此类实验只是选取特定的查询重构测试集，且仅通过一类查询重构操作方法来生成查询重构。例如，在探讨查询替换的实验结果（见表 8－1）时，基于所选取 57556 个查询替换

Session，将每个 Session 中的不满意查询作为实验输入，再仅利用查询替换方法为每个不满意查询生成排序的候选查询重构集；同理，在查询添加实验（见表 8-2）中，基于查询所选取的添加 Session，仅利用查询添加方法为每个不满意查询生成排序的查询重构集；第二类实验是不同方法混合操作的实验（见表 8-3），在此类实验中，将查询替换和查询添加 Session（总共 72892 个 Session）中的不满意查询均作为实验输入，且对于一个不满意查询来说，分别利用查询替换和查询添加操作来生成候选查询重构，再利用排序方法对两种不同操作方法生成的候选查询重构进行综合排序。需要说明的是，因 TALP 方法中只有查询替换方法而没有查询添加方法，在进行混合操作实验时，于 TALP 方法中集合了 Wang 等（Wang et al.，2008）提出来的查询添加方法。

表 8-1　不同方法生成查询替换结果的对比分析

相关方法	评测指标					
	Recall@5	Recall@10	Recall@15	Recall@20	Recall@25	Recall@30
CTA	0.050	0.091	0.115	0.128	0.136	0.140
TALP	0.062	0.112	0.126	0.143	0.149	0.153
本节方法	**0.072**	**0.123**	**0.139**	**0.155**	**0.163**	**0.164**

注：每一列中最好的实验结果以加粗显示。

表 8-2　不同方法生成查询添加结果的对比分析

相关方法	评测指标					
	Recall@5	Recall@10	Recall@15	Recall@20	Recall@25	Recall@30
CTA	0.030	0.054	0.070	0.089	0.090	0.109
本节方法	**0.062**	**0.082**	**0.094**	**0.115**	**0.123**	**0.131**

注：每一列中最好的实验结果以加粗显示。

表 8-3　不同方法对混合操作结果的对比

相关方法	评测指标					
	Recall@5	Recall@10	Recall@15	Recall@20	Recall@25	Recall@30
CTA	0.025	0.042	0.052	0.060	0.082	0.093
TALP	0.048	0.053	0.060	0.072	0.090	0.116
本节方法	**0.059**	**0.070**	**0.079**	**0.091**	**0.121**	**0.128**

注：每一列中最好的实验结果以加粗显示。

从表 8－1 至表 8－3 中数据可以看出，在以上两类方法中，本书方法的各项评测指标值均大于基准方法，说明本节所提出方法优于基准实验中的方法；表 8－3 中各评测指标的值低于表 8－1 与表 8－2 中各指标的值，由此说明了在查询重构中考虑用户的复合操作行为更难返回正确的候选查询重构；另表 8－1 中 Recall@K 值在 25 后变化不大，其主要原因在于，本书在生成候选替换查询重构时，利用了 NMI 阈值做了进一步去噪，从而使得某些原始查询最后得到的候选查询低于 25 个，从而使得其计算出的 Recall@30 值小于 Recall@25 值，故使得整体上的 Recall@30 值相对于 Recall@25 值来说差值不大。

表 8－4 表示不同方法利用混合操作为某用户提交“enterprise rental car”查询后生成的排序前十的候选查询列表。需要指出的是，该用户曾提交与“car”主题相关的查询。因此，越是能生成与“car”相关的查询推荐方法，且查询结果越能满足用户兴趣，其性能被认为越优。从该表中可以看出，本书方法所生成的候选查询大多与“car”相关。

表 8－4　不同方法利用混合操作为某用户提交“enterprise rental car”查询后生成的排序前十的候选查询列表

CTA	TALP	本书方法
enterprise rental photos	enterprise de car	enterprise business rental
enterprise rental free	enterprise ohio car	enterprirse shortline rental car
enterprise rental virginia	enterprise rental park	budget rental car
enterprise rental pictures	enterprise rental park	rebeccas garden rental car
verble rental car	enterprise car	enterprirse rental restaurant
enterprise rental school	enterprirse rental college	blues-hollywood rental car
enterprise rental car	2005 enterprirse rental car	verble rental car* fweekly
rental restaurant enterprirse	enterprirse school car	enterprise rental car
product rental car	company rental car	enterprirse sale car
timed rental car	enterprise rental shop	enterprirse rental park

注：该用户曾提交了与“car”主题相关的查询。

8.5.2　不同候选查询生成和候选查询排序方法的对比

本书通过组合不同方法中的候选查询生成和候选查询方法来对其混合操作的实验结果进行对比，以此判断本书中候选查询生成和候选查询排序方法是否分别优于基准方法中的相关方法，其实验结果参见表 8-5。需要指出的是，该表中利用“+”表示各类方法的组合，若方法中没有“()”，则“+”前面表示的是相关生成候选查询推荐方法，而“+”后面表示的是候选查询排序方法，如“CTA+CTA”表示该实验中采用了 CTA 的生成候选查询方法以及 CTA 的候选查询排序方法；另如上文所述，TALP 中无查询添加方法，在进行混合操作实验时，本实验分别融合了 TALP 中的查询替换与本书中的查询添加方法来生成候选查询，则在此类实验的表达中进一步采用“()”来表示不同候选查询生成方法的融合，如表 8-5 中“（TALP+CTA）+TALP”表示该实验采用了 TALP 的查询替换方法和 CTA 的查询添加方法来生成候选查询，再利用了 TALP 中的排序方法来对候选查询进行排序，同理，“（TALP+CTA）+Our”表明采用了 TALP 的查询替换以及 CTA 的查询添加方法生成候选查询，利用本书的排序方法对候选查询进行排序。

表 8-5　融合不同候选查询生成与候选查询排序后产生的实验结果

相关方法	评测指标						
	Recall@1	Recall@5	Recall@10	Recall@15	Recall@20	Recall@25	Recall@30
CTA+CTA	0.010	0.038	0.050	0.058	0.079	0.090	0.106
CTA+Our	0.015	0.042	0.054	0.066	0.085	0.096	0.112
Our+CTA	0.017	0.046	0.055	0.065	0.088	0.096	0.113
(TALP+CTA)+TALP	0.015	0.048	0.058	0.067	0.090	0.100	0.116
(TALP+CTA)+Our	0.019	0.054	0.063	0.071	0.095	0.113	0.117
(TALP+Our)+TALP	0.017	0.050	0.056	0.067	0.090	0.098	0.116
(TALP+Our)+Our	0.019	0.056	0.065	0.072	0.091	0.107	0.120
Our+TALP	0.016	0.057	0.066	0.079	0.092	0.112	0.112
Our+Our	**0.021**	**0.066**	**0.076**	**0.089**	**0.112**	**0.121**	**0.128**

注：每一列中最好的实验结果以加粗显示。

从表 8-5 中实验数据可知，当选用相同排序方法，而采用不同候选查询生成方法时，本书的候选查生成方法优于其他方法；而当选用相同候选查询方法时，而采用不同排序方法时，本书的排序方法优于其他排序方法。

8.5.3　不同出现频次查询的实验结果

本书进一步探讨了查询重构方法在不同频次查询中的实验效果。已有研究表明，用户提交给搜索引擎的查询呈长尾 Zipf 分布，即大量查询是非频繁提交的查询。基于此，本书根据查询被用户提交频次将其分为高频查询（出现频次至少为 100）、长尾查询（出现频次为 1 或者只被一个用户提交）以及一般查询（除了高频、长尾查询以外的查询）三类，这三类查询所占的比例参见表 8−6。不同方法针对不同类别查询的实验结果参见表 8−7，该表中数据表示不同方法对组合操作的实验结果，且采用的评测指标是 Recall@30。由表 8−6、表 8−7 中数据可知，各类方法在高频查询中的性能优于一般查询和长尾查询，且本书方法在各类查询中的性能均优于其他方法。

表 8−6 长尾查询、一般查询和高频查询分别在测试集中所占的百分比

	长尾查询	一般查询	高频查询
所占比值	47%	47%	6%

表 8−7 不同查询重构方法在不同频次类别查询中组合操作的实验结果

方法	长尾查询	一般查询	高频查询
CTA	0.050	0.081	0.146
TALP	0.065	0.101	0.182
本书方法	**0.075**	**0.119**	**0.199**

注：评测指标为 *Recall*@30；每列中最好的实验结果以加粗显示。

8.5.4 主题数对实验结果的影响

在本书实验中，对用户伪文档进行主题分析时，潜在主题数是一个很重要的参数，本书实验主要是探讨主题数对本书所提出方法整体性能的影响。在本书实验中，主题数的调整区间是 10 到 100，并且我们每次按照 10 的步长来探讨相应主题数下本书方法的实验性能。针对每个主题数，本书分别对基于单个词添加的查询重构与基于单个词替换的查询重构进行了分析，其实验结果如图 8−3 与图 8−4 所示。从这两图数据可以看出，随着主题数量的增加，查询替换和添加中的 Recall@K 值急剧上升，直到 K=80；当 K 大于 80 时，Recall 值随着主题数的增加而降低。这意味着在我们的方法中，当主题编号设置为 80 时，可以获得最佳性能。然而，这一结果与之前研究（Bing 等，2015）中报告的结果不同，后者表明他们的框架对主题数量不敏感。造成这种差异的一个可能原因是我们学习了每个潜在主题的上下文信息。主题数量对我们方法整体性能的影响在于它对学习每个潜在主题的有用上下文的影响。

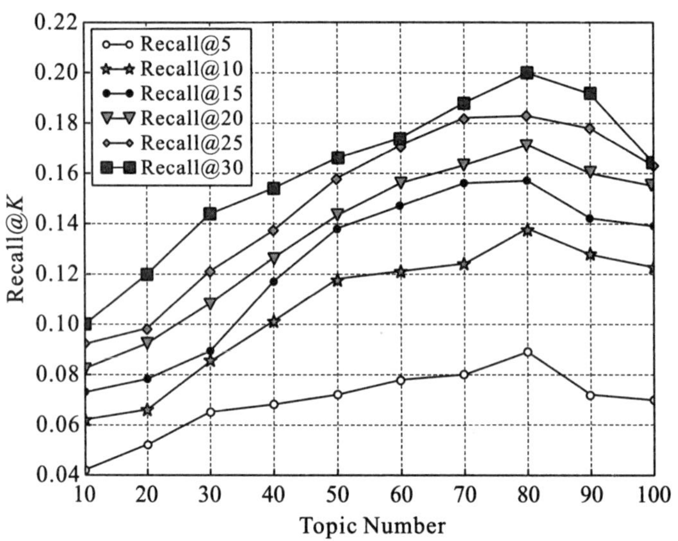

图 8-3　主题数变化时基于单个词的查询替换的实验性能变化

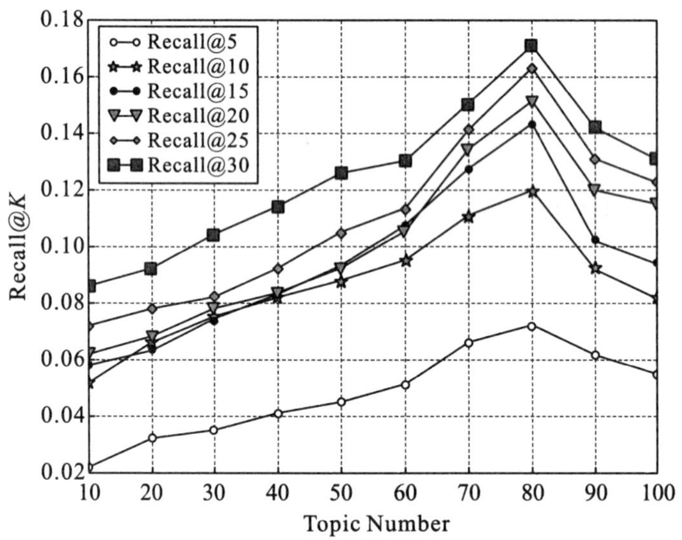

图 8-4　主题数变化时基于单个词的查询添加的实验性能变化

8.6　研究小结

本书利用嵌入方法实现了个性化查询重构。其中，笔者首先利用查询词嵌入技术为每个查询词抽取了上下文信息，进一步构建表征用户兴趣爱好的向量，基于此，实现根据用户偏好生成候选查询。本书进一步采用主题嵌入来抽取每个潜在主题的上下文信息，之后利用图模型来实现对候选查询的排序。最终实验结果表明，本书方法优于已有相关查询重构方法。尽管如此，本书仍存在一些不足，也即笔者在未来工作中需要进一步深入探讨的内容：(1) 如何进一步考虑将用户点击信息融合到候选查询生成与排序中；(2) 如何将更加复杂的查询重构操作融合到查询重构中，如多个词的查询添加或者查询替换等；(3) 如何将每个词的 Session 信息融合到其嵌入式中，捕获词在 Session 与查询中的上下文信息，以此获得更多表征词语义的上下文信息。

参考文献

白露，郭嘉丰，曹雷，等. 基于查询意图的长尾查询推荐［J］. 计算机学报，2013，36（3）：636－642.

陈晨，赵铁军，李生，等. 基于语言学知识的查询个性化潜力预测［J］. 中文信息学报，2013，6（11）：11－18.

陈磊. 不确定时态信息的粒度建模及其时态关系研究［D］. 广州：广州工业大学，2015.

高景斌. 基于查询子意图识别的检索结果多样化方法研究［D］. 哈尔滨：哈尔滨工业大学，2012.

江雪，孙乐. 用户查询意图切分的研究［J］. 计算机学报，2013，3（36）：664－670.

李竞飞，商振国，张鹏，等. 融合用户实时搜索状态的自适应查询推荐模型［J］. 计算机科学与探索，2016，10（9）：1290－1298.

李亚楠，王斌，李锦涛. 搜索引擎查询推荐技术综述［J］. 中文信息学报，2010，24（6）：75－84.

李亚楠，许晟，王斌. 基于加权 SimRank 的中文查询推荐研究［J］. 中文信息学报，2010，24（3）：3－10.

廖振. 基于查询点击核心图的查询推荐问题研究［D］. 天津：南开大学，2013.

刘钰锋，李仁发. 基于 Term-Query-URL 异构信息网络的查询推荐［J］. 湖南大学学报（自然科学版），2014，41（5）：106－112.

陆伟，周红霞，张晓娟. 查询意图研究综述［J］. 中国图书馆学报，2013，39（1）：100－111.

罗成，刘奕群，张敏，等. 基于用户意图识别的查询推荐研究［J］. 中文信息学报，2014，28（1）：64－72.

任鹏杰，陈竹敏，马军，等. 一种综合语义和时效性意图的检索结果多样化方法［J］．计算机学报，2015，38（10）：2076－2091．

石雁，李朝锋．基于朴素贝叶斯点击预测的查询推荐方法［J］．计算机应用与软件，2016，33（10）：19－23．

石雁，李朝锋．基于协同相似计算的查询推荐［J］．计算机工程，2016，42（8）：188－193．

舒忠梅，左亚尧，张祖传．时态信息的语义抽取与排序方法研究及系统实现［J］．计算机工程学，2014，36（8）：1609－1614．

宋超．基于Sogou日志的个性化信息检索分析与建模［D］．哈尔滨：哈尔滨工业大学，2012：21－25．

宋巍．基于主题的查询意图识别研究［D］．哈尔滨：哈尔滨工业大学，2013．

孙达明，张斌，张书波，等．面向差异化搜索背景的查询推荐方法［J］．计算机工程，2016，42（11）：202－206．

孙逸雪．基于时态信息的主题搜索引擎的研究与实现［D］．合肥：中国科学技术大学，2009．

孙在全．基于用户认知的信息检索研究［D］．郑州：郑州大学，2010．

汤庸，汤娜，叶小平．时态信息处理技术研究综述［J］．中山大学学报（自然科学版），2003，42（4）：4－8．

汪冰．试析情报科学研究的若干重点与发展方向明．情报科学，1998（7）：295－304．

王天华．基于改进的GBDT算法的乘客出行预测研究［D］．大连：大连理工大学，2016．

王卫国，徐炜民．基于潜在语义分析的个性化查询扩展模型［J］．计算机工程，2010，36（21）：43－45．

卫冰洁，王斌．面向微博搜索的时间感知的混合语言模型［J］．计算机学报，2014，37（1）：229－237．

吴家丽．基于用户意图识别的查询重构研究［D］．哈尔滨：哈尔滨工程大学，2015．

伍大勇，赵世奇，刘挺，等．融合多类特征的Web查询意图识别［J］．模式识别与人工智能，2012：25（3）：500－504．

张乃洲．基于时间点击图挖掘的查询建议方法［J］．计算机工程，2015，41（5）：191－196．

张森，王斌．Web检索查询意图分类技术综述［J］．中文信息学报，2008，22（4）：75－82．

张晓娟，韩毅. 时态信息检索研究综述［J］. 数据分析与知识发现，2017，1（1）：3－15.

张晓娟，陆伟. 利用查询重构识别用户意图［J］. 现代图书情报技术，2013（1）：8－14.

张晓娟. 查询意图自动分类与分析［D］. 武汉：武汉大学，2014.

张晓娟. 利用嵌入方法实现个性化查询重构［J］. 情报学报，2018，37（6）：621－630.

张杨浩. 基于搜索引擎日志的查询意图分类研究［D］. 重庆：西南大学，2016.

朱小飞，郭嘉丰，程学旗，等. 基于流形排序的查询推荐方法［J］. 中文信息学报，2011，25（2）：38－44.

朱小飞，郭嘉丰，程学旗，等. 基于吸收态随机行走的两阶段效用性查询推荐方法［J］. 计算机研究与发展，2013，50（12）：2603－2611.

AGRAWAL R, GOLLAPUDI S, HALVERSON A, et al. Diversifying search results[C]//Proceedings of the Second ACM International Conference on Web Search and Data Mining, New York: ACM Press, 2009: 5－14.

AJI A, WANG Y, AGICHTEIN E, et al. Using the past to score the present: extending term weighting models through revision history analysis[C]//Proceedings of the 19th ACM International Conference on Information and Knowledge Management, New York: ACM Press, 2010: 629－638.

ALBAKOUR M D, KRUSCHWITZ U, ADEYANJU I, et al. Enriching query flow graphs with click information[C]. Proceedings of Asia Information Retrieval Symposium, 2011: 193－204.

ALLAN J, PAPKA R, LAVRENKO V. On-line new event detection and tracking[C]//Proceedings of the 21st Annual International ACM SIGIR Conference On Research and Development in Information Retrieval. 1998: 37－45.

ALONSO O, GERTZ M, BAEZA-YATES R A. Clustering and exploring search results using timeline constructions[C]// Proceedings of the 18th ACM Conference on Information and Knowledge Management, New York: ACM Press, 2009: 97－106.

AMODEO G, BLANCO R, BREFELD U. Hybrid models for future event prediction[C]// Proceedings of the 20th ACM International Conference on

Information and Knowledge Management, New York: ACM Press, 2011: 1981－1984.

ANAGNOSTOPOULOS A, BECCHETTI L, Castillo C, et al. An optimization framework for query recommendation[C]//Proceedings of the Third ACM International Conference on Web Search and Data Mining, New York: ACM Press, 2010: 161－170.

ARGUELLO J, DIAZ F, CALLAN J, et al. Sources of evidence for vertical selection[C]//Proceedings of the 32nd International ACM SIGIR Conference on Research and Development in Information Retrieval, 2009: 315－322.

ARIKAN I, BEDATHUR S, BERBERICH K. Time will tell: Leveraging temporal expressions in information retrieval[C]// Proceedings of the Second ACM International Conference on Web Search and Data Mining, New York: ACM Press, 2009.

ASHKAN A, CLARKE C L A. On the Informativeness of cascade and intent-aware effectiveness measures[C]// Proceedings of the 20th International Conference on World Wide Web, New York: ACM Press, 2011: 407－416.

Aurelio D N, Mourant R R. The effects of web search engine query ambiguity and results sorting method on user performance and preference[J]. Proceedings of the Human Factors and Ergonomics Society Annual Meeting, 2002, 46(12): 1271－1275.

BAEZA-YATES R, CALDERÓN-BENAVIDES L. The intention behind web queries[C]//Proceedings of the 13th International Conference on String Processing and Information Retrieval, 2006: 98－109.

BAEZA-YATES R, HURTADOA C, MENDOZA M. Query recommendation using query logs in search engines[C]. Proceedings of the 2004 International Conference on Current Trends in Database Technology, 2004 (3268) : 588－596.

BARAGLIA R, CASTILLO C, DONATO D, et al. Aging effects on query flow graphs for query suggestion [C]//Proceedings of the 18th ACM Conference on Information and Knowledge Management, New York: ACM Press, 2009: 1947－1950.

BARAGLIA R, NARDINI F M, CASTILLO C, et al. The effects of time on query flow graph-based models for query suggestion[C]// Proceedings of

Adaptivity, Personalization and Fusion of Heterogeneous Information, New York: ACM Press, 2010:182—189.

BAR-ILAN J, ZHU Z, LEVENE M. Topic-specific analysis of search queries [C]//Proceedings of the 2009 Workshop on Web Search Click Data, New York: ACM Press, 2009: 35—42.

BEEFERMAN D, BERGER A. Agglomerative clustering of a search engine query log [C]//Proceedings of the Sixth ACM SIGKDD International Conference on Knowledge Discovery and Data Mining, New York: ACM Press, 2000: 407—416.

BELKIN N J, ODDY R N, BROOKS H M. ASK for information retrieval: part Ⅰ. background and theory [J]. Journal of Documentation, 1982, 38(2): 61—71.

BELKIN N J, ODDY R N, BROOKS H M. ASK for information retrieval: part Ⅱ. results of a design study [J]. Journal of Documentation, 1982, 38(3): 145—164.

BERBERICH K, BEDATHUR S, ALONSO O, et al. A language modeling approach for temporal information needs [C]// Proceedings of the 32nd European Conference on Advances in Information Retrieval, Heidelberg: Springer-Verlag, 2010: 13—25.

BERBERICH K, VAZIRGIANNIS M, WEIKUM G. Time-aware authority ranking[J]. Internet Mathematics, 2005, 2(3):301—332.

BHATIA S, MAJUMDAR D, MITRA P. Query suggestions in the absence of query logs [C]//Proceedings of the 34th International ACM SIGIR Conference on Research and Development in Information Retrieval, New York: ACM Press, 2011: 795—804.

BING L, LAM W. Investigation of web query refinement via topic analysis and learning with personalization [C]. Proceedings of SIGIR Work. Query Representation and Understanding, 2011.

BING L, LAM W, WONG T L, et al. Web query reformulation via joint modeling of latent topic dependency and term context[J]. Transactions on Information Systems, 2015, 33(2):1—38.

BOLDI P, BONCHI F, CASTILLO C, et al. Query suggestions using query-flow graphs[C]//Proceedings of the 2009 Workshop on Web Search Click

Data,New York:ACM Press,2009: 56—63.

BOLDI P, BONCHI F, CASTILLO C, et al. The query-flow graph: model and applications[C]//Proceedings of the 17th ACM Conference on Information and Knowledge Management,New York: ACM Press, 2008: 609—618.

BONCHI F, PEREGO R, SILVESTRI F, et al. Recommendations for the long tail by term-query graph [C] //Proceedings of the 20th International Conference Companion on World Wide Web,New York: ACM Press, 2011: 15—16.

BORDES A, USUNIER N, GARCIA-DURAN, A et al. Translating embeddings for modeling multi-relational data[C]. Proceedings of NIPS'13, 2013: 2787—2795.

BORDINO I, CASTILLO C, DONATO D, et al. Query similarity by projecting the query-flow graph[C] //Proceedings of the 33rd International ACM SIGIR Conference on Research and Development in Information Retrieval,New York: ACM Press, 2010: 515—522.

BRANTS T, CHEN F,FARAHAT A. A system for new event detection[C]// Proceedings of the 26th Annual International ACM SIGIR Conference on Research and Development in Informaion Retrieval,2003: 330—337.

BRENES D J, GAYO-AVELLO D, PÉREZ-GONZáLEZ K. Survey and evaluation of query intent detection methods[C]//Proceedings of the 2009 Workshop on Web Search Click Data,2009: 1—7.

BRODER A. A taxonomy of web search. ACM SIGIR Forum, 2002,36(2),3—10.

BRUCATO M, MONTESI D. Metric spaces for temporal information retrieval [C]// Proceedings of 36th European Conference on Information Retrieval, Heidelberg: Springer-Verlag, 2014: 385—397.

BURGHARTZ R, BERBERICH K. MPI-INF at the NTCIR—11 temporal query classification task[C]// Proceedings of the 11th NTCIR Conference on Evaluation of Information Access Technologies,2014: 443—450.

CAI F, DERIJKE M. A survey of query auto completion in information retrieval[J]. Foundations and Trends in Information Retrieval, 2016, 10(4): 273—363.

CAI F, DERIJKE M. Selectively personalizing query auto-completion[C]//

Proceedings of the 39th International ACM SIGIR Conference on Research and Development in Information Retrieval, New York: ACM Press, 2016: 993—996.

CAI F, LIANG S, DERIJKE M. Time-sensitive personalized query auto-completion[C]//Proceedings of the 23rd ACM International Conference on Conference on Information and Knowledge Management, 2014: 1599—1608.

CAI F, REINANDA R, RIJKE M D. Diversifying query auto-completion[J]. ACM Transactions on Information Systems, 2016(36):1—25.

CALDERÓN-BENAVIDES L, GONZáLEZ-CARO C, BAEZA-YATES R A. Towards a deeper understanding of the user's query intent[C]// Proceedings of the 2010 Workshop on Query Representation and Understanding, 2010: 21—24.

CAMPOS R, DAIS G, JORGE A, et al. Survey of temporal information retrieval and related applications[J]. ACM Computing Surveys (CSUR), 2015, 47(2):15.

CAMPOS R, DIAS G, JORGE A, et al. GTE: A distributional second-order co-occurrence approach to improve the identification of top relevant dates in web snippets[C]// Proceedings of the 21st ACM International Conference on Information and Knowledge Management, 2012: 2035—2039.

CAMPOS R, DIAS G, JORGE A. What is the temporal value of webSnippets? [C]//Proceedings of the 1st International Temporal Web Analytics Workshop, 2011: 9—16.

CAMPOS R, JORGE A, DIAS G. Using web snippets and query-logs to measure implicit temporal intents in queries [C]// SIGIR 2011 Workshop on Query Representation and Understanding, 2011.

CAO H, JIANG D, PEI J, et al. Context-aware query suggestion by mining click-through and session data [C]//Proceedings of the 14th ACM SIGKDD International Conference on Knowledge Discovery and Data Mining, New York: ACM Press, 2008: 875—883.

CARBONELL J, GOLDSTEIN J. The use of MMR, diversity-based reranking for reordering documents and producing summaries[C]//Proceedings of the 21st Annual International ACM SIGIR Conference on Research and Development in Information Retrieval, 1998:335—336.

CHAMBERS N. Labeling documents with timestamps: learning from their time expressions [C]//Proceedings of the 50th Annual Meeting of the Association for Computational Linguistics, Stroudsburg: Association for Computational Linguistics, 2012: 98-106.

CHANG A, MANNING C. SUTIME: a library for recognizing and normalizing time expressions [EB/OL]. [2016-07-26]. http://www-nlp.stanford.edu/pubs/lrec2012-sutime.pdf.

CHANG P T, HUANG Y C, YANG C L, et al. Learning-based time-sensitive reranking for web search[C]// Proceedings of the 35th International ACM SIGIR Conference on Research and Development in Information Retrieval, New York: ACM Press, 2012: 1101-1102.

CHAPELLE O, METLZER D, ZHANG Y, GRINSPAN P. Expected reciprocal rank for graded relevance[C]//Proceedings of 18th ACM Conference on Information and Knowledge Management, New York: ACM Press, 2009: 621-630.

CHEN C, YANG M, LI S, et al. Predicting query potential for personalization, classification or regression classification or regression?[C]. SIGIR'10, 2010: 725-726.

CHENG S, ARVANITIS A, HRISTIDIS V. How fresh do you want your search results? [C]//Proceedings of the 22nd ACM International Conference on Information & Knowledge Management, New York: ACM Press, 2013: 1271-1280.

CHEN L, HU Y, NEJDL W. Deck: Detecting events from web click-through data[C]//Eighth IEEE International Conference on Data Mining. IEEE, 2008: 123-132.

CHEN W, CAI F, CHEN H, et al. Attention-based hierarchical neural query suggestion [C]//Proceedings of the 41st International ACM SIGIR Conference on Research and Development in Information Retrieval, New York: ACM Press, 2018: 1093-1096.

CHEN W, CAI F, CHEN H, et al. Personalized query suggestion diversification[C]//Proceedings of International ACM SIGIR Conference on Research and Development in Information Retrieval, New York: ACM Press, 2017: 817-820.

CHEN W, HAO Z, SHAO T, et al. Personalized query suggestion based on user behavior[J]. International Journal of Modern Physics C, 2018, 29(4): 1−15.

CHEN Y, ZHANG Y Q. A personalised query suggestion agent based on query-concept bipartite graphs and concept relation trees[J]. International Journal of Advanced Intelligence Paradigms, 2009, 1(4): 398−417.

CHE W, LI Z, LIU T. LTP: A Chinese language technology platform. [C]// COLING 2010, International Conference on Computational Linguistics, Demonstrations,2010(23−27):13−16.

CHO J, GARCIA-MOLINA H. Estimating frequency of change [J]. ACM Transactions on Internet Technology,2005,3(3): 256−290.

CIGLAN M, NØRV°AG K. Wikipop: personalized event detection system based on Wikipedia page view statistics[C]//Proceedings of Proceedings of CIKM,10, New York: ACM Press, 2010:1931−1932.

CLARKE C L,CRASWELL N, SOBOROFF I, et al. Overview of the TREC 2010 web track[C]// Proceedings of the Text Retrieval Conference,2010.

CLARKE C L,CRASWELL N, SOBOROFF I, et al. Overview of the TREC 2011 web track[C]// Proceedings of the Text Retrieval Conference,2011.

CLARKE C L,CRASWELL N, SOBOROFF I. Overview of the TREC 2009 web track[C]// Proceedings of the Text Retrieval Conference,2009.

CLARKE C L,CRASWELL N, VOORHEES E M. Overview of the TREC 2012 web track[C]// Proceedings of the Text Retrieval Conference,2012.

CLARKE C L,KOLLA M, CORMACK G V,et al. Novelty and diversity in information retrieval evaluation [C]//Proceedings of the 31st Annual International ACM SIGIR Conference on Research and Development in Information Retrieval, New York:ACM Press,2008:659−666.

CLAYPOOL M, BROWN D, LE P, et al. Inferring user interest[J]. IEEE Internet Computing, 2001, 5(6): 32−39.

CLOUGH P, SANDERSON M, ABOUAMMOH M, et al. Multiple approaches to analysing query diversity [C]// Proceedings of the 32nd International ACM SIGIR Conference on Research and Development in Information Retrieval,2009: 734−735.

COHEN J. A coefficient of agreement for nominal scales[J]. Educational and

Psychological Measurement, 1960, 20(1): 37-46.

COHEN J. Statistical Power analysis for the behavioral sciences[M]//L. Erlbaum Associates. Computational Linguistics, Stroudsburg : Association for Computational Linguistics, 2000: 69-76.

COSTA M, COUTO F, SILVA M. Learning temporal-dependent ranking models[C]// Proceedings of the 37th International ACM SIGIR Conference on Research & Development in Information Retrieval, New York: ACM Press, 2012: 757-766.

CRASWELL N, HAWKING D, ROBERTSON S. Effective site finding using link anchor information[C]//Proceedings of the 24th Annual International ACM SIGIR Conference on Research and Development in Information Etrieval, 2001: 250-257.

CRASWELL N, SZUMMER M. Random walks on the click graph[C]// Proceedings of the 30th Annual International ACM SIGIR Conference on Research and Development in Information Retrieval, New York: ACM Press, 2007: 23-27.

CREADIE RMMC, MACDONALD C, OUNIS I. Crowdsourcing a news query classification dataset[C]//Proceedings of the SIGIR 2010 Workshop on Crowdsourcing for Search Evaluation (CSE 2010), 2010: 31-38.

CRONEN-TOWNSEND S, CROFT W B. Quantifying query ambiguity[C]// Proceedings of the 2nd International Conference on Human Language Technology Research, 2002: 104-109.

CUI H, WEN J R, NIE J Y, et al. Probabilistic query expansion using query logs[C]//Proceedings of the 11th International Conference on World Wide Web, 2002: 325-332.

DAI N, DAVISON B. Freshness matters: in flowers, food, and web authority [C]// Proceedings of 33rd Annual ACM SIGIR Conference on Research and Development in Information Retrieval, New York: ACM Press, 2010: 114-121.

DAI N, SHOKOUHI M, DAVISON B D. Learning to rank for freshness and relevance[C]// Proceedings of the the 34th Annual International ACM SIGIR Conference on Research and Development in Information Retrieval, New York: ACM Press, 2011: 95-104.

DAKKA W, GRAVANO L, IPEIROTIS P G. Answering general time sensitive queries [J]. IEEE Transactions on Knowledge and Data Engineering, 2012,24(2): 220—235.

DEERWESTER S. Indexing by latent semantic indexing[J]. Journal of the American Society for Information Science, 1990:41.

DEHG H, ROTHE S, ALFONSECA E, et al. Learning to attend, copy, and generate for session-based query suggestion[C]//Proceedings of the 26th ACM International Conference on Information and Knowledge Management, New York:ACM Press,2017:1747—1756.

DENG H, KING I,LYU M R. Entropy-biased models for query representation on the click graph [C]// Proceedings of International ACM SIGIR Conference on Research and Development in Information Retrieval, New York: ACM Press, 2009:339—346.

DIAS G, MORENO J G,JATOWT A,et al. Temporal web image retrieval[C] // Proceedings of the SPIRE'12,Heidelberg: Springer-Verlag, 2012: 199—204.

DIAZ F. Integration of news content into web results[C]//Proceedings of the Second ACM International Conference on Web Search and Data Mining,2009: 182—191.

DIAZ F,MITRA B,CRASWELL N. Query expansion with locally-trained word embeddings[J]. ArXiv Preprint ArXiv:1605. 07891, 2016.

DING H, ZHANG S,GARIGLIOTTI D, et al. Generating high-quality query suggestion candidates for task-based search[C]//Proceedings of the 40th European Conference on Information Retrieval, Berlin: Springer International Publishing, 2018:625—631.

DONG A, CHANG Y, ZHENG Z, et al. Towards recency ranking in web search[C]//Proceedings of the Second ACM International Conference on Web Search and Data Mining,New York: ACM Press, 2010: 11—20.

DOU Z, SONG R, WEN J R. A large-scale evaluation and analysis of personalized search strategies[C]// Proceedings of the 16th International Conference on World Wide Web,2007: 581—590.

DUAN R, WANG X, HU R, et al. Dependency relation based detection of lexicalized user goals[M]// Ubiquitous Intelligence and Computing,2010: 167—178.

EFRON M. Query-specific recency ranking: Survival analysis for improved microblog retrieval[C]// Proceedings of the TAIA'12 Workshop associated to SIGIR'12,New York: ACM Press,2012.

EFTHIMIADIS E N. Query Expansion[J]. Annual Review of Information Science and Technology (ARIST), 1996.

ELSAS J L, DUMAIS S T. Leveraging temporal dynamics of document content in relevance ranking[C] //Proceedings of the third ACM International Conference on Web Search and Data Mining,New York: ACM Press, 2010: 1—10.

FEILD H, ALLAN J. Task-aware query recommendation[C]//Proceedings of the 36th International ACM SIGIR Conference on Research and Development in Information Retrieval,New York: ACM Press, 2013: 83—92.

FENG L. Novel query intent identification method based on user interest model [J]. Journal of Information & Computational Science, 2015, 12(10): 3881—3888.

FERNANDO Z T, JASPREET S, AVISHEK A. L3S at the NTCIR—12 Temporal Information Access (Temporalia—2) Task[C]// Proceedings of the 12th NTCIR Conference,2016.

FILANNINO M, NENADIC G. Using machine learning to predict temporal orientation of search engines' queries in the temporalia challenge[C]// Proceedings of the 11th NTCIR Conference on Evaluation of Information Access Technologies,2014:438—442.

FLEISS J L. Measuring nominal scale agreement among many raters[J]. Psychological Bulletin, 1971, 76(5): 378—382.

FONSECA B M,BGOLGHER P,MOURA E S DE, et al. Using association rules to discovery search engines related queries[C]. Proceedings of the 1st Conference on Latin American Web Congress, 2003.

FONSECA B M,GOLGHER P B, DE MOURA E S, et al. Discovering search engine related queries using association rules [J]. Journal of Web Engineering, 2003, 2(4).

FRIEDMAN J H. Greedy function approximation: a gradient boosting machine [J]. Annals of Statistics, 2000, 29(5):1189—1232.

FRIEDMAN J H. Stochastic gradient boosting[J]. Computational Statistics & Data Analysis, 2002, 38(4):367—378.

FUJII A. Modeling anchor text and classifying queries to enhance web document retrieval[C]//Proceedings of the 17th International Conference on World Wide Web, 2008: 337−346.

FURNAS G M, LANDAUEQ T K, GOMEZ L M, et al. The vocabulary problem in human-system communication[J]. Communications of the ACM, 1987,30(11):960−971.

FU Y, ZHOU M, WANG X, et al. On-line event detection from web news stream[C]//5th International Conference on Pervasive Computing and Applications,IEEE, 2010: 105−110.

GARCIA-FERNANDEZ A, LIGOZAT A L, DINARELLI M, et al. When was it written? automatically determining publication dates[C]//Proceedings of the 18th International Conference on String Processing and Information Retrieval,Heidelberg: Springer-Verlag,2008: 221−236.

GARIGLIOTTI D, BALOG K. Generating query suggestions to support task-based search[J]. ArXiv Preprint ArXiv:1708.08289, 2017.

GEORGESCU M, KANHABUA N, KRAUSE D, et al. Extracting event-related information from article updates in Wikipedia[C]// Proceedings of the 35th European Conference on Advances in Information Retrieval, Heidelberg: Springer-Verlag, 2013:254−266.

GHOREISHI S N, SUN A. Predicting event-relatedness of popular queries [C]//Proceedings of the 22nd ACM International Conference on Information & Knowledge Management,2013: 1193−1196.

GOEL S, BRODER A,GABRILOVICH E, et al. Anatomy of the long tail: ordinary people with extraordinary tastes[C]//Proceedings of the third ACM International Conference on Web Search and Data Mining,New York: ACM Press, 2010: 201−210.

GONZáLEZ-CARO C,BAEZA-YATES R. A multi-faceted approach to query intent classification[C]// Proceedings of the 18th International Conference on String Processing and Information Retrieval, New York: ACM Press, 2011: 368−379.

GONZáLEZ-CARO C, CALDERÓN-BENAVIDES L, BAEZA-YATES R, et al. Web queries: the tip of the iceberg of the user's intent[C]//Proceedings of the 34th International Conference on Web Search and Web Data Mining,

New York：ACM Press，2011：282－291.

GONZáLEZ-CARO C，CALDERÓN-BENAVIDES L，BAEZA-YATES R. Web queries：the tip of the iceberg of the user's intent[C]. WSDM'11，2011.

GRBOVIC M，DJURIC N，RADOSAVLJEVIC V，et al. Context and content-aware embeddings for query rewriting in sponsored search[C]//Proceedings of International ACM SIGIR Conference on Research and Development in Information Retrieval，New York：ACM Press，2015：383－392.

GRIMES C，TANG D，RUSSELL D M. Query logs alone are not enough[C]. Proceedings of WWW' 07，2007.

GUI S，LU W. WHUIR at the NTCIR－12 Temporal Intent Disambiguation Task[C]//Proceedings of the 12th NTCIR Conference，National Institute of Informatics，Tokyo，2016：285－287.

GUO J，ZHU X，LAN Y，et al. Modeling users'search sessions for high utility query recommendation[J]. Information Retrieval Journal，2017，20(1)：4－24.

GUPTA D，BERBERICH K. A probabilistic framework for time-sensitive search[C]//Proceedings of the 12th NTCIR Conference on Evaluation of Information Access Technologies，National Institute of Informatics，Tokyo，2016：225－232.

GUPTA D，BERBERICH K. Diversifying search results using time[C]//Proceedings of European Conference on Information Retrieval，Heidelberg：Springer-Verlag，2016：789－795.

GUPTA D，BERBERICH K. Identifying time intervals of interest to queries[C]//Proceedings of the 23rd ACM International Conference on Conference on Information and Knowledge Management，New York：ACM Press，2014：1835－1838.

GUPTA D，BERBERICH K. Temporal query classification at different granularities[J]. String Processing and Information Retrieval，2015(9309)：157－164.

GU Y，CUI J，LIU H，et al. Detecting hot events from web search logs[C]//Web-Age Information Management：11th International Conference，2010：417－428.

HASANUZZAMAN M，DIAS G，FERRARI S. HULTECH at the nTCIR－11

temporalia task: ensemble learning for temporal query intent classification [C]// Proceedings of the 11th NTCIR Conference on Evaluation of Information Access Technologies,2014: 478—482.

HASANUZZAMAN M, SAHA S, DIAS G, et al. Understanding temporal query intent [C]// Proceedings of the 38th International ACM SIGIR Conference on Research and Development in Information Retrieval, New York:ACM Press, 2015: 823—826.

HASSAN A, JONES R, DIAZ F. A case study of using geographic cues to predict query news intent[C]//Proceedings of the 17th ACM SIGSPATIAL International Conference on Advances in Geographic Information Systems, 2009: 33—41.

HE D, GOKER A. Detecting session boundaries from web user logs[C]. Proceedings of the BCS-IRSG 22nd Annual Colloquium on Information Retrieval Research, 2000:57—66.

HE R, WANG J, TIAN J, et al. Session analysis of people search within a professional social network [J]. Journal of the American Society for Information Science and Technology, 2013, 64(5): 929—950.

HIDEO J,JATOWT A, BLANCO R, et al. Overview of NTCIR-12 temporal information access (temporalia-2) task[C]// Proceedings of the 12th NTCIR Conference on Evaluation of Information Access Technologies,2016.

HIDEO J, JATOWT A, BLANCO R. Overview of NTCIR-11 temporal information access (temporalia) task[C]//Proceedings of the 11th NTCIR Conference on Evaluation of Information Access Technologies,2014.

HOFFART J, SUCHANEK F M, BERBERICH K, et al. YAGO2: a spatially and temporally enhanced knowledge base from Wikipedia [J]. Artificial Intelligence, 2013(194): 28—61.

HOU, Y, TAN C, WANG X, et al. HITSZ-ICRC at NTCIR-12 temporal information access task[C]// Proceedings of the 12th NTCIR Conference on Evaluation of Information Access Technologies, National Institute of Informatics, Tokyo, 2016:293—298.

HOU Y, TAN C, XU J, et al. HITSZ-ICRC at NTCIR-11 temporalia task [C]// Proceedings of the 11th NTCIR Conference on Evaluation of Information Access Technologies,2014: 468—473.

HUANG C K, CHIEN L F, OYANG Y J. Relevant term suggestion in interactive web search based on contextual information in query session logs [J]. Journal of the American Society for Information Science and Technology, 2003, 54 (7) :638－649.

HUANG Z,CAUTIS B, CHENG R, et al. Entity-based query recommendation for long-tail Queries [J]. Journal of ACM Transactions on Knowledge Discovery from Data,2018, 1(1): 1－23.

HUANG Z,CAUTIS B, CHENG R, et al. KB-enabled query recommendation for long-tail queries [C] // Proceedings of the 25th International on Conference on Information & Knowledge Management, New York: ACM Press, 2016:193－204.

HU H, ZHANG M, HE Z, et al. Diversifying query suggestions by using topics from wikipedia [C]//Proceedings of the 2013 IEEE/WIC/ACM International Joint Conferences on Web Intelligence (WI) and Intelligent Agent Technologies (IAT). Altanta: IEEE Computer Society, 2013: 139－146.

JAIN A, OZERTEM U, VELIPASAOGLU E. Synthesizing high utility suggestions for rare web search queries [C]//Proceedings of the 34th International ACM SIGIR Conference on Research and Development in Information Retrieval. New York: ACM Press, 2011: 805－814.

JANSEN B J, BOOTH D L, SPINK A. Determining the informational, navigational and transactional intent of web queries [J]. Journal of Information Processing and Management,2008,3(44): 1251－1266.

JANSEN B J, BOOTH D L, SPINK A. Determining the user intent of web search engine queries[C]// International Conference on World Wide Web, WWW 2007, Banff, Alberta, Canada, May. DBLP, 2007:1149－1150.

JATOWT A, CHING M, AU Y, et al. Generic method for detecting focus time of documents[J]. Information Processing & Management,2015,51(6): 851－868.

JATOWT A, KAWAI Y, TANAKA K. Detecting age of page content[C]// Proceedings of the 9th Annual ACM International Workshop on Web Information and Data Management, New York: ACM, 2007: 137－144.

JATOWT A, KAWAI Y, TANAKA K. Temporal ranking of search engine results[C]// Proceedings of the 6th International Conference on Web Information Systems Engineering, Heidelberg: Springer-Verlag, 2005: 43—52.

JATOWT A, YEUNG C M A, TANAKA K. Estimating document focus time [C]//Proceedings of the 22nd ACM International Conference on Conference on Information & Knowledge Management, New York: ACM Press, 2013: 2273—2278.

JENSEN E C, BEITZEL S, CHOWDHURY A, et al. Query phrase suggestion from topically tagged logs [C]//Proceedings of the 7th International Conference on Flexible Query Answering Systems, 2006.

JIANG D, LEUNG W T, VOSECKY J, et al. Personalized query suggestion with diversity awareness [C]// Proceedings of IEEE International Conference on Data Engineering, Chicago: IEEE, 2014:400—411.

JIANG J Y, KE Y Y, CHIEN P Y, et al. Learning user reformulation behavior for query auto-completion[C]. Proceedings of SIGIR'14, 2014: 445—454.

JIANG J Y, WANG W. RIN: reformulation inference network for context-aware query suggestion[C]// Proceedings of the 27th International on Conference on Information & Knowledge Management, New York: ACM Process, 2018, 197—206.

JING Y, CROFT W B. An association thesaurus for information retrieval [C]// Proceedings of Conference on Intelligent Text and Image Handling, New York: ACM Press, 1994:146—160.

JOHNSON R, ZHANG T. Learning nonlinear functions using regularized greedyForest [J]. IEEE Transactions on Pattern Analysis & Machine Intelligence, 2014, 36(5):942—54.

JOHO H, JATOWT A, BLANCO R, et al. Overview of NTCIR—11 temporal information access (temporalia) task[C]// Proceedings of the 11th NTCIR Conference on Evaluation of Information Access Technologies, Tokyo, 2014: 217—224.

JONES R, DIAZ F. Temporal profiles of queries[J]. ACM Transactions on Information Systems, 2007, 25(3): 1—30.

JONES R, REY B, MADANI O, et al. Generating query substitutions[C]// Proceedings of the 15th international conference on World Wide Web, New

York: ACM Press, 2006: 387−396.

JONG F M G, RODE H, HIEMSTRA D. Temporal language models for the disclosure of historical text[EB/OL]. [2016−07−23]. http://doc. utwente. nl/66448/.

KANHABUA N, NGUYEN T N, NEJDL W. Learning to detect event-related queries for web search [C]// Proceedings of the 24th International Conference on World Wide Web. New York: ACM Press, 2015:1339−1344.

KANHABUA N, NØRVAG K. Learning to rank search results for time-sensitive queries [C]// Proceedings of the 21st ACM International Conference on Information and Knowledge Management, New York: ACM Press, 2012:2463−2466.

KANHABUA N, NØRVÅG K. Determining time of queries for reranking search results [C]. //Proceedings of the 14th European conference on Research and advanced technology for digital libraries, 2010: 261−272.

KANHABUA N, NØRVÅG K. Improving temporal language models for determining time of non-time stamped documents[C]// Proceedings of the 12th European conference on Research and Advanced Technology for Digital Libraries, Heidelberg: Springer-Verlag, 2008: 358−370.

KELLY D, TEEVAN J. Implicit feedback for inferring user preference: A bibliography[J]. Journal of SIGIR Forum, 2003(2): 18−28.

KHARITONOV E, MACDONALD C, SERDYUKOV P, et al. Intent models for contextualisingand diversifying query suggestions[C]//Proceeding of the 22nd ACM International Conference on Information and Knowledge Management, New York: ACM Press, 2013:2303−2308.

KIM G, XING E P. Time-sensitive web image ranking and retrieval via dynamic multi-taskRegression [C]// Proceedings of the Sixth ACM International Conference on Web Search and Data Mining, New York: ACM Press, 2013: 163−172.

KIM Y, CROFT W B. Diversifying query suggestions based on querydocuments [C]//Proceedings of the 37th International ACM SIGIR Conference on Research Development in Information Retrieval, New York: ACM Press, 2014:891−894.

KIROS R, SALAKHUTDINOV R, ZEMEL R S. Multimodal neural language models[C]. Proceedings of ICML'14, 2014: 595—603.

KLEINBERG J M. Hubs, authorities, and communities[J]. Acm Computing Surveys, 1999, 31(4es):5.

KÖNIG A C, GAMON M, WU Q. Click-through prediction for news queries [C]//Proceedings of the 32nd International ACM SIGIR Conference on Research and Development in Information Retrieval, 2009: 347—354.

KOTSAKOS D, LAPPAS T, KOTZIAS D, et al. A Burstiness-aware approach for document dating[C]//Proceedings of the 37th International ACM SIGIR Conference on Research& Development in Information Retrieval, New York: ACM Press, 2014:1003—1006.

KULKARNI A, TEEVAN J, SVORE K M, et al. Understanding temporal query dynamics[C]// Proceedings of the Forth International Conference on Web Search and Web Data Mining, New York: ACM Press, 2010: 167—176.

KUMAR A, BALDRIDGE J, LEASE M, et al. Dating texts without explicit temporal cues [J]. ArXiv Preprint ArXiv:1211. 2290.

KUMARAN G, ALLAN J. Text classification and named entities for new event detection[C]//Proceedings of the 27th Annual International ACM SIGIR Conference on Research and Development in Information Retrieval, 2004: 297—304.

KUMARAN G, ALLAN J. Using names and topics for new event detection [C]//Proceedings of Human Language Technology Conference and Conference on Empirical Methods in Natural Language Processing, 2005: 121—128.

LANDIS J R, KOCH G G. The measurement of observer agreement for categorical data[J]. Biometrics, 1977: 159—174.

LAVRENKO V, CROFT W B. Relevance based language models[C]// Proceedings of the 24th International ACM SIGIR Conference on Research and Development in Information Retrieval, 2001:120—127.

LEWANDOWSKI D. Query types and search topics of german web search engine users[J]. Information Services & Use, 2006(26): 261—269.

LIAO Z, SONG Y, HE L W, et al. Evaluating the effectiveness of search task trails[C]// Proceedings of the 21st International Conference on World Wide

Web,New York: ACM Press, 2012:489—498.

LI D, LIU B, ZHANG Y, et al. Using time-Series for temporal intent disambiguation in NTCIR－12 temporalia[C]// Proceedings of the 12th NTCIR Conference, National Institute of Informatics, Tokyo, 2016: 267—271.

LI D,YANG M, QI H, et al. Reexamination on potential for personalization in web search [C]//Proceeding of COLING'10 Proceedings of the 23rd International Conference on Computational Linguistics,2010 : 701—709.

LI L, XU G, YANG Z, et al. An efficient approach to suggesting topically related web queries using hidden topic model[J]. World Wide Web, 2013 (16):273—297.

LI L, YANG Z, LIU L, et al. Query-URL bipartite based approach to personalized query recommendation [C] // Proceedings of the 23rd National Conference on Artificial Intelligence. Chicago: AAAI Press, 2008: 1189—1194.

LIOMA C, BLANCO R, MOENS M. A logical inference approach to query expansion with social tags[C]// Proceedings of the 2nd ACM International Conference on the Theory of Information Retrieval,2009: 358—361.

LIOMA C, OUNIS I. A Syntactically-based query reformulation technique for information retrieval[J]. Information Processing and Management, 2008, 44 (1): 143—162.

LIU C, BELKIN N,COLE M, et al. Personalization of information retrieval in different types of tasks[C]. Proceedings of SIGIR'11,2011: 26—33.

LIU J, LI Q, LIN Y, et al. A query suggestion method based on random walk and topic concepts[C]//Proceedings of IEEE/ACIS International Conference on Computer & Information Science,New York: IEEE, 2017:251—256.

LIU P, AZIMI J, ZHANG R. Contextual query intent extraction for paid search selection[C]// The International Conference,2015:71—72.

LIU Y,LIU Z,CHUA T S,et al. Topical word embeddings[C]. Proceedings of Twenty-Ninth Aaai Conference on Artificial Intelligence, 2015 :2418—2424.

LIU Y,MIAO J,ZHANG M,et al. How do users describe their information need: query recommendation based on snippet click model [J]. Expert Systems with Applications, 2011, 38(11):13847—13856.

LIU Y, SONG R, CHEN Y, et al. Adaptive query suggestion for difficult queries[C]// Proceedings of the 35th International ACM SIGIR Conference on Research and Development in Information Retrieval, New York: ACM Press, 2012:15—24.

LIU Y, XIE X, WANG C, et al. Time-aware click model [J]. ACM Transactions on Information Systems (TOIS), 2016, 35(3): 16.

LIU Y, ZHANG M, RU L, et al. Automatic query type identification based on click through information [J]. Journal of Springer Berlin / Heidelberg, 2006: 593—600.

LIU Y, ZHANG M, RU L, et al. Automatic query type identification based on click through information [M]// Information Retrieval Technology, Heidelberg:Springer-Verlag, 2006.

LI X, CROFT W B. Time-based language models[C]// Proceedings of the twelfth International Conference on Information and Knowledge Management. New York: ACM Press, 2003:469—475.

LI X, LIU B, YU P. Time sensitive ranking with application to publication search[C]//Proceedings of the ICDM'08, Chicago: IEEE Computer Society Press, 2008: 893—898.

LI Y, KRISHNAMURTHY R, VAITHYANATHAN S, et al. Getting work done on the web: supporting transactional queries[C]//In Proceedings of the 29th Annual International ACM SIGIR Conference on Research and Development in Information Retrieval, 2006: 557—564.

LOUIS A, CRESTAN E, BILLAWALA Y, et al. Use of query similarity for improving presentation of news verticals[C]// Proceedings of Very Large Data Search. 2011: 62—67.

LUCCHESE C, ORLANDO S, PEREGO R, et al. Identifying task-based sessions in search engine query logs[C]// Proceedings of the fourth ACM International Conference on Web Search and Data Mining, New York: ACM Press, 2011.

LUO C, LIU Y, ZHANG M, et al. Query ambiguity identification based on user behavior information[J]. Journal of Information Retrieval Technology, 2014(8870): 36—47.

MA H, LYU M R, KING I. Diversifying query suggestion results[C]//

Proceedings of the 24th AAAI Coneference on Artificial Intelligence, New York: AAAI Press, 2010: 1399－1404.

MA H, YANG H, KING I, et al. Learning latent semantic relations from click through data for query suggestion [C]//Proceedings of the 17th ACM Conference on Information and Knowledge Management, New York: ACM Press, 2008: 709－718.

MA Z, CHEN Y, SONG R, et al. New assessment criteria for query suggestion [C]//Proceedings of the 35th International ACM SIGIR Conference on Research and Development in Information Retrieval, New York: ACM Press, 2012: 1109－1110.

MC CREADIE R, MACDONALD C, OUNIS I. Crowdsourcing a news query classification dataset[C]//Proceedings of the ACM SIGIR 2010 workshop on Crowdsourcing for Search Evaluation (CSE 2010), Switzerland: ACM Press, 2010: 31－38.

MC CREADIE R, MACDONALD C, OUNIS I. News vertical search: when and what to display to users[C]//Proceedings of the 36th International ACM SIGIR Conference on Research and Development in Information Retrieval. 2013: 253－262.

MEI Q, ZHOU D, CHURCH K. Query suggestion using hitting time[C]. Proceedings of 17th ACM Conference on Information and Knowledge Management, 2008.

MENDOZA M, BAEZA-YATES R. A web search analysis considering the intention behind queries[C]//Proceedings of the 2008 Latin American Web Conference, 2008: 66－74.

MENDOZA M, ZAMORA J. Identifying the intent of a user query using support vector machines [J]. Lecture Notes in Computer Science, 2009:5721.

METZLER D, JONES R, PENG F, et al. Improving search relevance for implicitly temporal queries[C]// Proceedings of Proceedings of the 32nd International ACM SIGIR Conference on Research and Development in Information Retrieval, 2009:700－701.

MIKOLOV T, CHEN K, CORRADO G, et al. Efficient estimation of word representations fin vector space[J]. ArXiv Preprint ArXiv, 2013:1301. 3781.

MIKOLOV T，SUTSKEVER I，CHEN K， et al. Distributed representations of words and phrases and their compositionality[C]. Proceedings of NIPS'13, 2013:3111—3119.

MILLER G A. Word net: a lexical database for english[J]. Communications of the ACM, 1995, 38(11): 39—41.

MISHRA A, MILCHEVSKI D, BERBERICH K. Vocabulary-based re-ranking for geographic and temporal searching at NTCIR geotime task [C]// Proceedings of the 8th NTCIR Workshop Meeting on Evaluation of Information Access Technologies (NTCIR — 8), National Institute of Informatics, 2010: 181—184.

MIYANISHI T, SAKAI T. Time-aware structured query suggestion[C]// Proceedings of the 36th International ACM SIGIR Conference on Research and Development in Information Retrieval, New York: ACM Press, 2013: 809—812.

MIZZARO S. How many relevances in information retrieval?[J]. Interacting with Computers, 1998, 10(3): 303—320.

MOULAHI B, TAMINE L, YAHIA S B. When time meets information retrieval: past proposals, current plans and future trends[J]. Journal of Information Science, 2016, 42(6): 725—747.

NALLAPATI R, SHAH C. Evaluating the quality of query refinement suggestions in nformationretrieval[EB/OL]. [2018—09—01]. http://maroo. cs. umass. edu/getpdf. php?id=663.

NGUYEN B V, KAN M. Functional faceted web query analysis [C]// Proceedings of the 16th International World Wide Web Conference, 2007.

NGUYEN H. Capturing user intent for informational retrieval [C]// Proceedings of the 48th Annual Meeting for Human Factors and Ergonomics Society, 2004, 997—998.

NGUYENTHI M H. Capturing user intent for information retrieval[C]// Nineteenth National Conference on Artificial Intelligence, Sixteenth Conference on Innovative Applications of Artificial Intelligence, DBLP, 2004:997—998.

NGUYEN T N, KANHABUA N. Leveraging dynamic query subtopics for time-aware search result diversification[C]//Proceedings of the European

Conference on Information Retrieval, Heidelberg: Springer-Verlag, 2014: 222－234.

NGUYEN T N,KANHABUA N, NEJDL W, et al. Mining relevant time for query subtopics in web archives[C]// Proceedings of the 24th International Conference on World Wide Web, New York: ACM Press, 2015: 1357－1362.

NOGUEIRA R, CHO K. Task-oriented query reformulation with reinforcement learning[C] Proceedings of the 2017 Conference on Empirical Methods in Natural Language Processing, Strodsburg: ACL, 2017: 574－583.

NUNES S, RIBEIRO C, DAVID G. Using neighbors to date web documents [C]// Proceeding 9th annual ACM International Workshop on Web Information and Data Management, 2007: 129－136.

OZERTEM U, CHAPELLE O, DONMEZ P, et al. Learning to suggest: a machine learning framework for ranking query suggestions[C]. Proceedings of SIGIR'12,2012: 25－34.

PARIKH N, SUNDARESAN N. Scalable and near real-time burst detection from ecommerce queries [C]//Proceedings of the 14th ACM SIGKDD International Conference on Knowledge Discovery and Data Mining, 2008: 972－980.

PASCA M. Towards temporal web search[C]// Proceedings of the ACM Symposium on Applied Computing, New York: ACM Press, 2008: 1117－1121.

PEI J, HUANG D, MA J, et al. DUT-NLP-CH@ NTCIR－12 temporalia temporal intent disambiguation subtask [C]// Proceedings of the 12th NTCIR Conference on Evaluation of Information Access Technologies, 2016.

PLANSANGKET S. New weighting schemes for document ranking and ranked query suggestion[M]. Colchester: University of Essex Press, 2017.

PRADHAN N, DEOLALIKAR V, LI K. Atypical queries in eCommerce[C]// Proceedings of the 24th ACM International on Conference on Information and Knowledge Management, New York: ACM Press, 2015: 1767－1770.

PROKHORENKOVA L O, PROKHORENKOV P, SAMOSVAT E, et al. Publication date prediction through reverse engineering of the web[C]//

Proceedings of the Ninth ACM International Conference on Web Search and Data Mining, New York: ACM Press, 2016: 123−132.

QIAO Y, ZHANG H, YU M, et al. Sina-Weibo Spammer Detection with GBDT[J]. 2016.

QI S, WU D, MAMOULIS N. Location aware keyword query suggestion based on document proximity [J]. Knowledge & Data Engineering IEEE Transactions on, 2016, 28(1):82−97.

QIU G, LIU K, BU J, et al. Quantify query ambiguity using ODP metadata [C]// Proceedings of the 30th International ACM SIGIR Conference on Research and Development in Information Retrieval, 2007: 697−698.

RADINSKY K, SVORE K, DUMAIS S, et al. Modeling and predicting behavioral dynamics on the web[C]// Proceedings of the 21st International Conference on WWW, New York: ACM Press, 2012:599−608.

REN P, CHEN Z, MA J, et al. Detecting temporal patterns of user queries [J]. Journal of the Association for Information Science and Technology, 2015(38):2076−2091.

ROSE D E, LEVINSON D. Understanding user goals in web search[C]// Proceedings of the 13th international conference on World Wide Web, 2004: 13−19.

RUOCCO M, RAMAMPIARO H. Exploratory analysis on heterogeneous tag-point patterns for ranking and extracting hot-spot related tags [C]// Proceedings of the 5th ACM SIGSPATIAL International Workshop on Location-Based Social Networks, 2012: 16−23.

SADIKOV E, MADHAVAN J, WANG L, et al. Clustering query refinements by user intent[C]//Proceedings of the 19th International Conference on World Wide Web, 2010.

SAKAGUCHI T, KUROHASHI S. KYOTO at the NTCIR−12 temporalia task: machine learning approach for temporal intent disambiguation subtask [C]//Proceedings of the 12th NTCIR Conference, National Institute of Informatics, Tokyo, 2016: 288−292.

SALAH H M, NELSON M L. Carb on dating the web: estimating the age of web resources[C]//Proceedings of the 22nd international conference on World Wide Web, New York: ACM Press, 2013: 1075−1082.

SANDERSON M. Ambiguous queries: test collections need more sense[C]// Proceedings of the 31st Annual International ACM SIGIR Conference on Research and Development, 2008: 499—506.

SANTOS R L T, MACDONALD C, OUNIS I. Intent-aware search result diversification[C]// Proceedings of the 34th International ACM SIGIR Conference on Research and Development in Information Retrieval, 2011: 595—604.

SANTOS R L T, MACDONALD C, OUNIS I. Learning to rank query suggestions for adhoc and diversity search[J]. Information Retrieval, 2013, 16(4): 429—451.

SARACEVIC T. Relevance reconsidered [J]. Proceedings of the Second Conference on Conceptions of Library and Information Science, 1996: 201—218.

SCHILDER F, HABEL C. Temporal information extraction for temporal question answering [EB/OL]. [2016 — 07 — 23]. http://aaaipress. org/Papers/Symposia/Spring/2003/SS—03—07/SS03—07—006. pdf.

SEARLE J R. Intentionality and its place in nature[J]. Journal of Synthese, 1984(61): 3—16.

SEGEV E, AHITUV N. Popular searches in google and yahoo!: a "digital divide" in information uses[J]. Information Society, 2010, 26(1):17—37.

SEJAL D, SHAILESH K G, TEJASWI V, et al. Query click and text similarity graph for query suggestions [M]// Machine Learning and Data Mining in Pattern Recognition, Berlin: Springer International Publishers, 2015: 328—341.

SHAH A, SHAH D, MAJUMDER P. Andd7 @ NTCIR — 11 temporal information access task[C]// Proceedings of the 11th NTCIR Conference on Evaluation of Information Access Technologies, 2014: 456—460.

SHAH C, CROFT W B. Evaluating high accuracy retrieval techniques[C]// Proceedings of the 27th Annual International ACM SIGIR Conference on Research and Development in Information Retrieval, New York: ACM Press, 2004:2—9.

SHEN D, SUN J T, YANG Q, et al. Building bridges for web query classification[C]//Proceedings of the 29th Annual International SIGIRE

Conference on Research and Development in Information Retreival, 2008: 131－138.

SHI X, YANG C C. Mining related queries from Web search engine query logs using an improved association rule mining model[J]. Journal of the American Society for Information Science & Technology, 2007, 58(12):1871－1883.

SHI X, YANG C. Mining related queries from search engine query logs[C]. Proceedings ofthe 15th International Conference on World Wide Web, 2006: 943－944.

SHOKOUHI M. Detecting seasonal queries by time-series analysis [C]// Proceedings of the 34th International ACM SIGIR Conference on Research and Development in Information Retrieval, New York: ACM Press, 2011: 1171－1172.

SHOKOUHI M. Learning to personalize query auto-completion [C]. Proceedings of SIGIR'13, 2013:103－112.

SHOKOUHI M, RADINSKY K. Time-sensitive query auto-completion[C]// Proceedings of the 35th international ACM SIGIR Conference on Research and Development in Information Retrieval, New York: ACM, Press 2012: 601－610.

SINGH V, GARG S, KAUR P. Efficient algorithm for web search query reformulation using genetic algorithm [J]. Computational Intelligence in Data Mining, 2016, 1(410):459－470.

SOKOLOVA M, LAPALME G. A systematic analysis of performance measures for classification tasks [J]. Information Processing and Management, 2009, 45(4): 427－437.

SONG R, DOU Z, HON H W, et al. Learning query ambiguity models by using search logs[J]. Journal of Computer Science and Technology, 2010, 25 (4): 728－738.

SONG R, LUO Z, NIE J, et al. Identification of ambiguous queries in web search[J]. Information Processing and Management, 2009(45):216－229.

SONG R, LUO Z, WEN J R, et al. Identifying ambiguous queries in Web search[C]// Proceedings of the 16th International Conference on World Wide Web, New York: ACM Press, 2007: 1169－1170.

SONG W, ZHANG Y, GAO H, et al. HITSCIR system in NTCIR－9

subtopic mining task[C]//Proceedings of NTCIR－9 Workshop Meeting, National Institute of Informatics, Tokyo,2011:156－161.

SONG Y, HE L. Optimal rare query suggestion with implicit user feedback [C]//Proceedings of the 19th International Conference on World Wide Web, New York: ACM Press, 2010: 901－910.

SONG Y, ZHOU D, HE L. Post-ranking query suggestion by diversifying search results[C]// Proceedings of the 34th International ACM SIGIR Conference on Research and Development in Information Retrieval, New York: ACM Press, 2011: 815－824.

SONG Y, ZHOU D, HE L. Query suggestion by constructing term-transition graphs[C]//Proceedings ofthe fifth ACM International Conference on Web Search and Data Mining,New York: ACM Press, 2012: 353－362.

SORDONI A, BENGIO Y, VAHABI H, et al. A hierarchical recurrent encoder-decoder for generative context-aware query suggestion [C]// Proceedings of ACM International on Conference on Information and Knowledge Management,New York: ACM Press, 2015:553－562.

SPITZ A, STOTGEN J, BOGEL T. Terms in time and times in context: a graph-bas term-time ranking model [C]// Proceedings of the 24th International Conference on World Wide Web,2015:1375－1380.

STOJANOVIC N. On analysing query ambiguity for query refinement: the librarian agent approach [C]// Proceedings of the 22nd International Conference on Conceptual Modeling,2003: 490－505.

STROTGEN J, GERTZ M. Heidel time: high quality rule-based extraction and normalization of ¨ temporal expressions [C]// Proceedings of the IWSE'10 Associated to ACL'10, Sweden: Association for Computational Linguistic,2010: 321－324.

STROTGEN J, GERTZ M. Proximity 2-aware ranking for textual, temporal, and geographic queries[C]// Proceedings of the 22nd ACM International Conference on Information & Knowledge Management, New York: ACM Press, 2013:739－744.

STRÖTGEN J, ALONSO O, GERTZ M. Identification of top relevant temporal expressions in documents[C]// Proceedings of the 2nd Temporal Web Analytics Workshop,New York: ACM Press, 2012: 33－40.

STYSKIN A, ROMANENKO F, VOROBYEV F, et al. Recency ranking by diversification of result set[C]//Proceedings of the 20th ACM Conference on Information and Knowledge Management, New York: ACM Prress, 2011: 1949—1952.

SUN A, HU M. Query-guided event detection from news and blog streams[J]. IEEE Transactions on Systems, Man, and Cybernetics-Part A: Systems and Humans, 2011, 41(5): 834—839.

SUSHMITA S, PIWOWARSKI B, LALMAS M. Dynamics of genre and domain intents[C]//Proceedings of the 6th Asia Information Retrieval Societies Conference on Information Retrieval Technology, Springer, 2010: 399—409.

SZPEKTOR I, GIONIS A, MAAREK Y. Improving recommendation for long-tail queries via templates[C]//Proceedings of the 20th International Conference on World Wide Web, New York: ACM Press, 2011: 47—56.

TEEVAN J, DUMAIS S T, HORVITZ E. Potential for Personalization[J]. ACM Transactions on Computer-Human Interaction, 2010, 17(1): Article No. 4.

TEEVAN J, DUMAIS S T, LIEBLING D J. To Personalize or not to Personalize: Modeling Queries with Variation in User Intent. [C]// Proceedings of the 31st Annual International ACM SIGIR Conference on Research and Development in Information Retrieval, 2008: 163—171.

TILAHUN G, FEUERVERGER A, GERVERS M. Dating medieval english charters[J]. The Annals of Applied Statistics, 2012, 6(4): 1615—1640.

VANGYSEL C, RIJKE M DE, WORRING M. Unsupervised, efficient and semantic expertise retrieval[C]. Proceedings of WWW'16, 2016: 1069—1079.

VAVLIAKIS K N, SYMEONIDIS A L, MITKAS P A. Event identification in web social media through named entity recognition and topic modeling[J]. Data & Knowledge Engineering, 2013(88): 1—24.

VLACHOS M, MEEK C, VAGENA Z, et al. Identifying similarities, periodicities and bursts for online search queries[C]//Proceedings of the 2004 ACM SIGMOD International Conference on Management of Data, 2004: 131—142.

WANG X, ZHAI C. Mining term association patterns from search logs for effective query reformulation[C]. Proceedings of CIKM'08, 2008: 479-488.

WANG Y, AGICHTEIN E. Query ambiguity revisited: clickthrough measures for distinguishing informational and ambiguous queries[C]// Proceedings of the 2010 Annual Conference of the North American Chapter of the Association for Computational Linguistics, 2010: 361-364.

WEI C P, LEE Y H, CHIANG Y S, et al. Exploiting temporal characteristics of features for effectively discovering event episodes from news corpora[J]. Journal of the Association for Information Science and Technology, 2014, 65 (3): 621-634.

WELCH M J, CHO J, OLSTON C. Search result diversity for informational queries[C]// Proceedings of the 20th International Conference on World Wide Web, New York: ACM Press, 2011: 237-246.

WHITING S, JOSE J M. Recent and robust query auto-completion[C]// Proceedings of International Conference on World Wide Web. 2014: 971-982.

WHITING S, ZHOU K, JOSE J, et al. Temporal variance of intents in multi-faceted event-driven information needs[C]// Proceedings of the 36th International ACM SIGIR Conference on Research and Development in Information Retrieval, New York: ACM Press, 2013: 989-992.

XU J, CROFT W B. Query expansion using local and global document analysis [C]// Proceedings of 19th ACM SIGIR Conference on Research and Development in Information Retrieval, New York: ACM Press, 1996: 4-11.

YANO Y, TAGAMI Y, TAJIMA A. Quantifying query ambiguity with topic distributions[C]// Proceedings of the 25th ACM Conference on Information and Knowledge Management, 2016: 1877-1880.

YAN X, GUO J, CHENG X. Context-aware query recommendation by learning high-order relation in query logs[C]//Proceedings of the 20th ACM International Conference on Information and Knowledge Management, New York: ACM Press, 2011: 2073-2076.

YE F, SUN J. Combining query ambiguity and query-URL strength for log-Based query suggestion[C]// Proceedings of International Conference in Swarm Intelligence, Berlin: Springer International Publishesrs, 2016:

590—597.

YILMAZ E, ASLAM J A, ROBERTSON S. A new rank correlation coefficient for information retrieval[C]// Proceedings of the 31st International ACM SIGIR Conference on Research and Development in Information Retrieval, 2008: 587—594.

Y Song, D Zhou, L. He. Query suggestion by constructing term-transition graphs[C]. Proceedings of WSDM, 2012: 353—362.

YU H, KANG X, REN F. TUTA1 at the NTCIR—11 temporalia task[C]// Proceedings of the 11th NTCIR Conference on Evaluation of Information Access Technologies,2014: 461—467.

YU H. Support vector machine[C]// Springer US, 2009:1303—1308.

ZAMANI H, CROFT W. Estimating embedding vectors for queries [C]. Proceedings of ICTIR'16, 2016:123—132.

ZAMORA J, MENDOZA M, ALLENDE H. Query intent detection based on query log mining[J]. Web Eng, 2014, 13(1&2): 24—52.

ZENG Q T, CROWELL J, PLOVNICK R M, et al. Assisting consumer health information retrieval with query recommendations [J]. Journal of the American Medical Informatics Association, 2006 , 13 (1) :80—90.

ZHANG R, CHANG Y, ZHENG Z, et al. Search result re-ranking by feedback control adjustment fortime-sensitive query[C]// In Proceedings of the NAACL-HLT'09,Boulder: Association for Computational Linguistics, 2009:165—168.

ZHANG R, KONDA Y, DONG A, et al. Learning recurrent event queries for web search[C]// Proceedings of the EMNLP'10,Stroudsburg: Association for Computational Linguistics, 2010: 1129—1139.

ZHANG X, HAN S,LU W. Automatic prediction of news intent for search queries: an exploration of contextual and temporal features [C]//The Electronic Library,2018(36):938—958.

ZHANG X, PENG L. Time-aware diversified query suggestion [C]// Proceedings of the 18th ACM/IEEE on Joint Conference on Digital Libraries,New York: ACM Press, 2018: 399—400.

ZHANG Y, WANG D,EEIS D O. A speech model cluster method based on GBDT algorithm[J]. Informatization Research, 2013.

ZHANG Z, NASRAOUI O. Mining search engine query logs for query recommendation[C]. Proceedings of the 15th International Conference on World Wide Web, 2006.

ZHAO Q, LIU T Y, BHOWMICK S S, et al. Event detection from evolution of click-through data [C]//Proceedings of the 12th ACM SIGKDD International Conference on Knowledge Discovery and Data Mining, 2006: 484−493.

ZHAO X, JIN P, YUE L. Discovering topic time from web news [J]. Information Processing & Management, 2015, 5(6): 869−890.

ZHAO Y, HAUFF C. Sub-document timestamping of web documents[C]// Proceedings of SIGIR '15, 2015: 1023−1026.

ZHAO Y, HAUFF C. Temporal query intent disambiguation using time-series data[C]. Proceedings of the 39th International ACM SIGIR conference on Research and Development in Information Retrieval, 2016: 1017−1020.

ZHENG H T, ZHAO J, ZHANG Y C, et al. An ontology-based approach to query suggestion diversification[C] //Proceeding of International Conference on Neural Information Processing, Berlin: Springer International Publishing, 2014: 437−444.

ZHOU K, WHITING S, JOSE J M, et al. The impact of temporal intent variability on diversity evaluation[C]. Proceedings of the 35th European Conference on Advances in Information Retrieval, Heidelberg : Springer-Verlag, 2013: 820−823.

ZHU X, GUO J, CHENG X, et al. A unified framework for recommending diverse and relevant queries[C]//Proceedings of the 20th international conference on World Wide Web, New York: ACM Press, 2011: 37−46.